Águas de comer

PEIXES, MARISCOS E CRUSTÁCEOS DA BAHIA

Dados Internacionais de Catalogação na Publicação (CIP)
(Jeane Passos de Souza – CRB 8ª/6189)

Águas de comer: peixes, mariscos e crustáceos da Bahia / Organização de Raul Lody. -- São Paulo: Editora Senac São Paulo, 2016.

Bibliografia.
ISBN 978-85-396-1066-2

1. Gastronomia 2. Culinária Baiana 3. Peixes 4. Mariscos 5. Crustáceos I. Lody, Raul.

CDD – 641.69
641.598142
16-386s   BISAC CKB099000

Índice para catálogo sistemático:

1. Gastronomia : Peixes   641.69
2. Gastronomia : Culinária baiana   641.598142

Águas de comer

PEIXES, MARISCOS E CRUSTÁCEOS DA BAHIA

ORGANIZAÇÃO

RAUL LODY

Editora Senac São Paulo – São Paulo – 2016

ADMINISTRAÇÃO REGIONAL DO SENAC NO ESTADO DE SÃO PAULO
Presidente do Conselho Regional: Abram Szajman
Diretor do Departamento Regional: Luiz Francisco de A. Salgado
Superintendente Universitário e de Desenvolvimento: Luiz Carlos Dourado

EDITORA SENAC SÃO PAULO
Conselho Editorial: Luiz Francisco de A. Salgado
Luiz Carlos Dourado
Darcio Sayad Maia
Lucila Mara Sbrana Sciotti
Jeane Passos de Souza

Gerente/Publisher: Jeane Passos de Souza (jpassos@sp.senac.br)
Coordenação Editorial: Márcia Cavalheiro Rodrigues de Almeida (mcavalhe@sp.senac.br)
Comercial: Marcelo Nogueira da Silva (marcelo.nsilva@sp.senac.br)
Administrativo: Luís Américo Tousi Botelho (luis.tbotelho@sp.senac.br)

Edição e Preparação de Texto: Vanessa Rodrigues
Revisão de Texto: Janaina Lira, Gabriela L. Adami (coord.)
Projeto Gráfico: Antonio Carlos De Angelis
Capa e Editoração Eletrônica: Veridiana Freitas
Foto da Capa: Jorge Sabino
Impressão e Acabamento: Mundial Gráfica Ltda

Proibida a reprodução sem autorização expressa.
Todos os direitos desta edição reservados à
Editora Senac São Paulo
Rua 24 de maio, 208 – 3º andar – Centro – CEP 01041-000
Caixa Postal 1120 – CEP 01032-970 – São Paulo – SP
Tel. (11) 2187-4450 – Fax (11) 2187-4486
E-mail: editora@sp.senac.br
Home page: http://www.editorasenacsp.com.br

© Editora Senac São Paulo, 2016

Sumário

Nota do editor, 7

Introdução – O mito e a água, 9
Raul Lody

Em defesa da qualidade ambiental para preservar a qualidade gastronômica dos produtos pesqueiros das comunidades tradicionais da Bahia, 25
Miguel da Costa Accioly e Jussara Cristina Vasconcelos Rêgo

Aspectos nutricionais dos pescados e história de um pescador, 45
Lílian Lessa Andrade, Tereza Cristina Braga Ferreira, Ícaro Ribeiro Cazumbá da Silva e Lucélia Amorim da Silva

Dos saberes aos sabores na pesca tradicional de Velha Boipeba, 63
Jussara Cristina Vasconcelos Rêgo

História de pescadora: de farol a farol, dois dedos de prosa com Babi Brazil e Alexandra Amorim, 93
Daniela Castro

A moqueca de baiacu e o "risco absoluto à vida humana": os saberes tradicionais e o mito da modernidade científica como saber socialmente referenciado, 97
Paulo Henrique Carvalho e Silva

Pescado social: peixes e mariscos no cotidiano da comunidade quilombola de Bananeiras, Ilha de Maré, 121
Lílian Lessa Andrade, Tereza Cristina Braga Ferreira e Mariel Cisneros López

Os peixes e a cozinha de matriz africana nos terreiros de candomblé, 139
Elmo Alves Silva e Ricardo Pereira Aragão

Sabores que vêm das águas da Bahia, 155
Odilon Braga Castro

Fotos, 189

Sobre os autores, 205

Nota do editor

Símbolo da vida e elemento "iniciático" que integra a mais profunda relação do homem com o divino, a água é associada à transformação e à renovação. Ao "comer" as águas, o homem ingere todos os seus valores simbólicos, e essa tese se torna especialmente forte em um estado como a Bahia, onde a aromática culinária de caráter cultural, étnico e religioso é formada em grande parte por pescados e mariscos oriundos do extenso litoral (932 quilômetros) e da ampla bacia hidrográfica.

Daí a escolha desse tema repleto de simbologias, temperos, sabores e saberes para compor a presente coletânea, que marca os dez anos de fundação do Museu da Gastronomia Baiana (MGBA) do Senac, celebrados com a realização, no Senac Pelourinho, do X Seminário de Gastronomia. Raul Lody, curador do MGBA, reúne em *Águas de comer* artigos que exploram a importância da alimentação proveniente de rios e mares a partir de abordagens diversas – biologia, cultura regional, religião, sociedade –, resgatando histórias de comunidades tradicionais.

O conhecimento acumulado há gerações se reflete na relação dessas pessoas com os alimentos das águas e com o ofício da pesca. E, assim, o leitor é apresentado a técnicas que envolvem procedimentos específicos de acordo com as diferentes espécies de peixes, frutos do mar, algas – tudo o que pode ser trazido das águas para feiras, mercados, casas, festas e rituais religiosos. Os autores também compartilham receitas típicas nem sempre tão conhecidas pelo público.

Com este livro, o Senac São Paulo fortalece o aprimoramento da gastronomia e das atividades a ela relacionadas, além de contribuir para o desenvolvimento econômico sustentável e para a preservação da tradição baiana do bem comer.

INTRODUÇÃO
O mito e a água

Raul Lody

No princípio, dizem os polinésios, só existiam as águas primordiais, mergulhadas nas trevas cósmicas. Da imensidão do espaço onde se encontrava, Io, o deus supremo, exprimiu o desejo de sair do seu repouso. No mesmo instante, apareceu a luz. Depois ele disse: que as águas se separem, que os céus se formem, que a terra surja.

Mircea Eliade, *Tratado de história das religiões*

Água, fonte de todas as coisas e de toda a existência. As águas dão fundamento ao mundo. Elas reúnem as forças criadoras. Elas são a essencialidade do início. Fazem as relações entre a vida e a morte. E também representam as forças cósmicas de onde nascem todos os seres e para onde eles regressam. Ainda se atribuem às águas os valores germinativos na organização mítica, nos rituais, nos imaginários e na subsistência do homem. As águas antecedem e suportam todas as formas de criação.

A imersão na água reativa o contato com a criação e com a nossa existência. Por isso, todos os ritos em que a água está presente –, batismo, imersão –, há transformação e renovação, porque ela é o elemento primordial, um elemento "iniciático", o símbolo da vida.

O contato com o elemento água possibilita revelar e trazer suas propriedades míticas e ancestrais que se referem ao mundo, aos astros, ao homem e à mulher. Desde a Antiguidade a relação água-lua-mulher está ligada à fertilidade.

> A imersão na água simboliza o regresso ao pré-formal, a regeneração total, um novo nascimento, porque uma imersão equivale a uma dissolução das formas, a uma reintegração no modo indiferenciado da preexistência e a emersão das águas repete os gestos cosmogônicos da manifestação formal [...]. Por isso, desde a Pré-História o conjunto Água-Lua-Mulher tem sido percebido como o circuito antropocósmico da fecundidade. (Eliade, 1998, pp. 153-154)

Água do mar, água do rio, água da chuva; orvalho. Tantas são as expressões deste elemento que integra e compõe a mais profunda relação do homem com o divino. E nesse cenário mítico e ancestral são agregados todos os seres que vivem nas águas – animais, plantas e figuras fantásticas.

Dessa maneira, o peixe representa a água numa ampla iconografia mitológica, além de ser um alimento que une o homem às águas. E, quando o homem come as águas, ele ingere todos os seus valores simbólicos.

Ainda, acrescentam-se à água um sentimento e uma compreensão de maternidade e, por conseguinte, de nascimento. E, por ser germinal, a água está nos líquidos corporais: o suor, a saliva, o líquido amniótico, o leite materno, o sangue. Assim, há um entendimento de fruição, de transformação, de regeneração que as águas transmitem para gerar e manter a vida.

Para preservar tantas propriedades míticas e funcionais, os cultos às águas possibilitam contatos e diálogos por meio de rituais que justificam as muitas interpretações da gênese, da mãe, da fertilidade e da alimentação.

> Sendo as águas a matriz universal, na qual subsistem todas as virtualidades e prosperam todos os gérmenes, é fácil compreender os mitos e as lendas que fazem derivar delas o gênero humano ou uma raça particular. (Eliade, 1998, p. 156)

Entre os muitos personagens que fazem parte desse amplo espaço mítico de deuses e de seres fantásticos que habitam as águas, destaco a sereia, como uma representação do hibridismo da relação entre homem/mulher-água/peixe.

As primeiras imagens sobre as sereias chegam a partir de um amplo imaginário popular que mostra um personagem meio mulher, meio peixe. Contudo, na trajetória mítica da sereia há muitas outras representações que relacionam esse ser fantástico com outros animais.

A mulher mítica é também representada com asas de pássaro, rosto feminino, às vezes com barba, com garra de leão, com cabelos compridos. A sereia aparece em vários momentos das culturas clássicas que mostram o mar como um espaço repleto de significados e de propriedades sagradas que precisam ser ritualmente interpretadas.

As górgonas, com penas de ouro; as queres, ávidas de sangue humano; leucoteia, um pássaro; oceânidas, nos carros alados; as péridas, também pássaros; procne, também representada como pássaro.

Esses exemplos mostram que a relação da mulher com os pássaros dentro dos mitos mais arcaicos é profunda; e os mitos se unem aos sentimentos da maternidade, da sexualidade, da morte e da regeneração.

A marca estética da sereia é híbrida; une a mulher a um animal. É uma coexistência de duplicidade que representa o humano e o não humano, como se unisse o racional ao irracional.

Esse hibridismo fortalece a polaridade, o dualismo e os temas sagrados. E, dessa fusão entre dois entes biológicos, animal e humano, nasce uma força sobrenatural.

Desde os registros rupestres do Paleolítico, os símbolos teriomórficos são recorrentes (fotos 1, 2 e 3). Eles tratam da relação do homem com o desconhecido e são reproduzidos nas lutas mitológicas entre Marduke, Talia e o dragão feminino; Hércules e Hidra; Ulisses e as sereias; entre tantas outras.

Todas essas representações animais das sereias são acompanhadas de um amplo texto mitológico sobre a mutação das mulheres. A parte humana, marcada pelo rosto, e o corpo, pela forma de uma ave com garras. Contudo, há também a beleza e a estética femininas no dorso; e algo de anjo e de demônio.

Ainda nesse contexto arcaico e primevo, há relatos em que as sereias são os mitos do meio-dia, hora sagrada dentro de muitos dos sistemas religiosos da Antiguidade.

As sereias não perseguem os homens, mas os homens devem temê-las quando estão nos seus domínios.

No caso brasileiro, o olhar sobre o mito da sereia é fortalecido nas concepções estéticas pisciformes. A representação meio mulher, meio peixe é a mais popular do mito há milhares de anos. Na representação pisciforme está a base do grande imaginário sobre as sereias apresentado nas tradições orais, nos textos sagrados de diferentes religiões, nas representações visuais de artistas de diferentes técnicas e materiais. Tudo isso confirma esse compromisso mítico e essencial da sereia com as águas.

> De igual beleza, as sereias-peixe não tardaram em se apresentarem como o correlato feminino dos tritões. E não só morfologicamente. Mas também como os tritões do mar e os sátiros da terra firme nos seus delírios eróticos. Elas, as sereias, também se impregnaram de luxúria [...]. (Lao, 1995, p. 83)

Os antepassados das sereias como mulheres-peixe remetem a mitos de peixes mágicos que se transformavam em mulher até a formalização da aparência híbrida.

O sentido sexual e de transformação faz com que essa figura esteja presente nas mitologias do Ocidente e do Oriente e destaca o papel materno da mulher. Não é um entendimento romântico do papel da maternidade; é apenas simbólico e biológico. Isso revela o imemorial papel feminino dentro das concepções de diferentes culturas. Assim como a representação de Atargatis, deusa lunar dos semitas; também como Atar, deusa da meia-lua dos egípcios; e, ainda, Astarte, deusa do céu dos fenícios, a quem era oferecido pelas jovens, de maneira ritual, um tecido marcado pelo primeiro sangue menstrual. E como Atar'atah, chamada pelos sírios. E Diodoro, na Sicília. Essas representações estão associadas à Magna Mater, a senhora de Biblos. Todas são deusas da fecundidade, da valorização do papel mítico da mulher.

Todas essas mulheres fantásticas são ainda relacionadas à espiga de milho, certamente um entendimento de fruto e de colheita da terra.

E novamente vigoram o sentido da fertilidade, o da multiplicação, o do nascimento e o da vida.

Assim, tudo passa a se relacionar com um sentimento mais profundo de fertilidade. Embora as sereias estejam historicamente nos territórios das águas, elas também estão no ar e na terra. Tudo focaliza o valor da maternidade da mulher em todos os ambientes, e esse poder se revela em todas as representações mitológicas nos povos do mundo.

Há no nosso imaginário contemporâneo uma relação que não desvincula a sereia e o mar, bem como a sua relação com uma concepção geral de mãe.

A palavra *Yam*, que significa mar em hebraico, dá origem à palavra Miriam. As sereias também eram conhecidas como Marian, e daí Maria, no entendimento de mãe, quando é chamada e conhecida especialmente no seu papel de Stella Maris – estrela-do-mar.

Sem dúvida, há uma profunda conexão histórica e cultural com o ideal feminino e o da maternidade que estão associados a Maria como uma mãe mítica, mãe das águas. Daí chegam as interpretações e os ajustes religiosos para construir uma tipologia feminina e cristã para o que se entende hoje por Maria. Maria, mãe de Jesus.

Esses seres femininos e fantásticos, as sereias, compõem uma ampla mitologia aquática com seres masculinos fantásticos, como Oceano, Tritão, Nereu, Hálius, Fórcis, Glauco, Falanto, que são visualmente representados e revelados nas lendas como metade homem, metade peixe.

Há tantas outras concepções sobre sereias: mediterrâneas, nórdicas, asiáticas e do continente africano – especialmente de Angola, com as sereias negras, Kianda e Kiximbe. Outras características das sereias clássicas foram ampliadas na estética e nas lendas mediterrâneas. Há aquelas que fazem parte das histórias da Era Medieval e do Renascimento e que têm beleza clássica, certamente oriunda do ideal grego presente nas esculturas, nas gravuras, nos desenhos e nas pinturas, além de registrado na arquitetura monumental das catedrais.

As sereias ainda são representadas como instrumentistas; as muitas formas visuais desses seres das águas tocam alaúdes, trompas, gaitas, violas, e esses sons se associam aos seus cantos de sedução e morte. Notar que tais instrumentos eram proscritos na música sacra da Igreja, o que amplia o entendimento das sereias e de suas músicas no âmbito sexual e da fertilidade. Os sons sempre marcaram o poder de sedução dessas mulheres formadas por um híbrido com peixes, aves, leões, seres virtualmente fantásticos (fotos 4 e 5).

Outro importante símbolo agregado ao imaginário clássico das sereias é o espelho, objeto que traz muitos e novos significados para esses seres repletos de mistérios. Tudo começa no entendimento da imagem no espelho d'água. Quando se vê refletida a própria imagem, há um sentimento de busca, de um desejo profundo de se conhecer. Assim, o espelho dá continuidade a esse ato, ampliando o momento da busca da própria imagem.

O espelho convencional também reforça um imaginário da vaidade feminina, da busca pela beleza, sentimento corroborando pelo uso de joias, entre outros objetos que enfatizam aquilo que se considera feminino.

O espelho, nas suas diferentes apresentações materiais, também representa a dualidade pessoa e personagem, realidade e fantasia, pois a imagem nele não é exatamente a pessoa, mas o seu reflexo. Assim, o espelho faz parte dessa representação mítica da sereia dentro da vaidade feminina.

Os personagens míticos aquáticos têm uma vocação profética de fazer a interação entre o homem e o mistério, pois estão nas águas as mais notáveis representações do que é desconhecido e temido e, ao mesmo tempo, desejado e necessário à própria vida.

A busca permanente pela água, água para viver – necessária, fundamental; um bem que é valorizado cada vez mais nas sociedades globalizadas, por causa da crescente transformação do planeta –, amplia o seu lugar simbólico e mítico. A água no século XXI é crescentemente compreendida como um patrimônio que reflete o próprio sentido da vida sustentável na Terra para a produção de comida e para a existência do homem.

INTRODUÇÃO – O MITO E A ÁGUA

É notável e reconhecida a fonte de alimentos para o mundo que chegam das águas do mar e dos rios.

Os conhecimentos tradicionais de milhares de homens e de mulheres que vivem economicamente das águas e lá realizam os seus ofícios estão sendo protegidos e revistos para que essa relação não se esgote.

O território da água, mares e rios, com suas particularidades, determina como a sua exploração deve ser interpretada para que ali se realizem diferentes trabalhos conforme os costumes e as identidades de cada povo.

Assim, técnicas de pescar e mariscar estão integradas também aos mitos e às histórias das águas, pois são regidas por comportamentos que indicam a escolha dos peixes, dos crustáceos, das algas e de tudo aquilo que pode ser trazido das águas para feiras, mercados, casas, festas e rituais religiosos.

São muitas as possibilidades de vida fértil que chegam das águas. Os animais que habitam esse elemento se unem aos repertórios mitológicos e, a partir daí, à base de diferentes sistemas alimentares.

> Os dragões, as serpentes, as conchas, os peixes são símbolos da água; escondidos na profundidade do oceano, são infusos pela força sagrada, dormindo em lagos ou atravessando os rios, distribuem a chuva, a umidade, a inundação, regulando assim a fecundidade do mundo. (Eliade, 1998, pp. 168-169)

Os trabalhadores das águas encontram na base artesanal de seus ofícios os diferentes estilos de pescar, navegar; construir barcos, redes de pesca; utilizar utensílios/instrumentos necessários para cada tipo de ofício realizado à beira-mar, em alto-mar, em rios, nos mangues, no estuário, entre tantos outros lugares.

Esses ofícios são intermediados com o que é sagrado e com a sabedoria acumulada na história de vida de cada comunidade.

Sem dúvida, a trajetória social e econômica desses trabalhadores das águas é reconhecida por unir o comercial ao emocional para se relacionarem com o cotidiano e com a vida. Por exemplo, é impossível não vincular o ofício da pesca aos mitos sagrados relacionados com as águas.

O ato imemorial de pescar, de se lançar às águas na busca por alimento, mostra que cada território tem identidade singular, formas míticas para viver as múltiplas relações do homem com a água. A pescaria segue técnica e estilo especiais para cada região. Por exemplo, na Bahia, destaque para o trabalho coletivo da pesca de arrasto que usa grandes redes para a pesca do xaréu, um ofício masculino.

> A armação da rede e a puxada se realizavam nas grandes praias da Bahia [...] em Chega Negro, em Armação, e em Carimbamba [...]. Apenas um calção e um chapéu de palha de abas largas para proteger do quente sol. A bebida é cachaça. O grupo compõe-se de 63 homens, 1 chefe, 1 mestre da terra, 1 mestre do mar, 20 atadores, 20 homens do mar e 20 homens da terra. A rede é feita de nacolina pelos próprios pescadores, auxiliados pelas suas mulheres e seus filhos. Pesa toneladas [...]. São cinco meses de trabalho [...]. (Carybé, 1955)

Esse trabalho mostra uma técnica especial usada para puxar a rede. São movimentos ritmados, praticamente coreografados, que, pela tradição, seguem uma base formada por atabaques que marcam os gestos realizados simultaneamente por vários pescadores. Técnica afrodescendente, um modo de pescar, de trazer os peixes do mar de Iemanjá para os mercados, para as cozinhas, para as mesas e também para os tabuleiros, com o peixe frito, entre outros preparos.

As tradições afrodescendentes integram esse amplo e rico imaginário da pesca do xaréu; com elas, vêm os mitos e a religiosidade que chegam do mar, um espaço profundamente sagrado para o pescador.

> Viva a Rainha do Mar
> Inaê
> Princesa de Aioká
> Inaê ô. (Tradição oral popular da Bahia)

Geralmente, o ofício do pescador envolve habilidades que vão além do ato de pescar: fazer redes, conhecer os tipos de peixes e seus comportamentos, conhecer as rotas marítimas, os tipos de barcos de pesca, e tudo o mais que faça parte do dia a dia dessa atividade.

A sabedoria tradicional desses homens vai além da técnica, pois há um grande sentimento de preservação da natureza e um respeito à biodiversidade, porque tudo na água é vida.

Para cada mar, cada rio, há o conhecimento sobre qual é a melhor técnica para pescar, os mitos que fazem parte dele e o tipo de relação que o pescador tem com a própria água.

O ofício e o sentimento de respeito que as águas trazem, nas mais profundas memórias das civilizações, unem-se aos mitos da criação das águas e de sua relação com a vida.

A água é um tema dominante nas sociedades contemporâneas, um tema do meio ambiente relacionado à preservação dos recursos naturais, às questões climáticas. A importância da água em contextos mais amplos está integrada às concepções de mundo, de ancestralidade, de identidade, de lugar social para manifestações culturais. Há nas diferentes tradições populares uma compreensão de que voltar ao mar é o mesmo que voltar à mãe. Uma necessidade do homem de simbolizar a natureza e a si mesmo nesse ambiente.

Os processos de comunicação e de organização ritual fizeram com que o homem assumisse muitos papéis dentro de uma busca interminável da autocompreensão, e relacionar as águas ao cotidiano, aos ritos de passagem, às celebrações religiosas, aos ofícios de construir embarcações e pescar faz parte desse encontro.

Diz-se que tudo vem do mar e retorna para ele. O movimento do mar atesta o que é transitório, efêmero, bem como a relação entre vida e morte, mito e homem, alimento e fome. Tantos são os mitos, deuses, seres fantásticos, lendas, histórias e acontecimentos que aproximam o mar das culturas. O mar do sal, da vida e do alimento.

Os sentimentos coletivos de território, de povo, de cultura estão marcados em momentos especiais com celebrações, festas, expressões rituais que traduzem identidade e respeito à tradição. Os oceanos, os mares, os rios, os lagos, todas as águas são lugares milenares que estão ligados às formas de fortalecer as relações entre o homem e as suas matrizes étnicas.

Por exemplo, na Bahia, conta-se como o mar é um lugar de celebração, de festas, de possibilitar encontros com os deuses, como uma fantástica maneira de compreender mitos e histórias.

> Sereiá, sereiá,
> Nunca vi tanta areia no mar
> Sereiá, sereiá. (Tradição oral popular da Bahia)

Assim, a festa de 2 de fevereiro é uma festa no mar. É uma maneira pública, na cidade do São Salvador, de trazer de diferentes lugares da Bahia as populações devotas à Sereia do Mar, um tema dominante que envolve e comove milhares de pessoas, e tudo acontece diante do mar e no mar.

Dona Maria, princesa do Aioká, Dandalunda, Sereia do Mar, Mãe Dandá, Inaê, Iemanjá são os nomes que representam uma mesma fé popular, fé que comove pescadores, barqueiros e outros profissionais que vivem do mar. Todas essas interpretações da mãe d'água têm como referência o mito da criação dos orixás a partir de uma lenda que relata o mito de Iemanjá, a mãe-peixe.

Iemanjá é perseguida e tomada sexualmente por Orungã, seu próprio filho, que é o ar e as alturas; e então, a partir desse ato, Iemanjá se transforma, o seu ventre cresce muito e dele nascem todos os orixás; seus seios, que também crescem muito, transformam-se em dois rios, e tudo isso passa a representar fertilidade nesses nascimentos dos deuses e das águas (foto 6).

Uma das formas de homenagear essa mãe ancestral é o "presente" – um oferecimento, individual ou coletivo, de objetos que idealizam o mundo feminino: perfumes, fitas, sabonetes, pentes, espelhos, bijuterias, joias e

Introdução – O mito e a água

comidas. Tudo é colocado em balaios, os mesmos que são usados no ofício de pescar e de vender peixe; e esses objetos do artesanato tradicional baiano ficam repletos com tais itens, sendo completados com flores; acredita-se que a Sereia do Mar goste desses presentes.

Essa forte característica africana no mar da Bahia também marca presença na comida que integra a maioria dos balaios, que são ritualisticamente levados às águas nos barcos e com pessoas sempre cantando, em língua iorubá ou em quimbundo, sobre os mitos e a vida que vêm das águas.

Milho branco cozido e temperado com dendê e camarão é o abadô, que se torna mais sagrado quando é complementado com obi (*Cola acuminata*), fruto africano que consiste em um alimento tradicional da África ocidental e que para os afrodescendentes no Brasil tem muitos significados: o obi é um fruto energético para ser mascado e, por muitas vezes, substitui uma refeição; ele é também um fruto sagrado que, por meio de vaticínios, estabelece contatos entre o homem e o divino.

O "presente" também é acompanhado de um grande ato performático, com trajes, músicas, danças, cantos e comidas, o que possibilita inúmeros momentos de sociabilidade e afirmação da identidade afrodescendente nesse encontro profundo com a alteridade e com o sentimento de pertença a uma história, a uma tradição, a uma devoção ao mar.

À data de 2 de fevereiro unem-se o dia de Nossa Senhora das Candeias, Maria, mãe e mulher, e o sentimento de paralelismo entre o orixá africano Iemanjá, a mãe-peixe, a dona do mar. Essa festa é ainda um momento de celebrar a maternidade, o ideal feminino marcado na afrodescendência com grande valor. É o papel social milenar da procriação, de ser mãe. Certamente, os mitos das águas trazem uma essencialidade da criação – criação do mundo, do homem, das coisas da natureza.

Assim, 2 de fevereiro é uma data que marca o calendário católico integrado ao olhar afro-baiano, e isso traduz um sentimento amplo e livre de viver o sagrado, pois a fé e a festa são mais generosas e emocionais do que os princípios da ortodoxia, da oficialidade dos sistemas religiosos.

Tudo isso confirma a alta importância das águas na vida e no cotidiano do homem. Beber água, preparar os alimentos, buscar no mar os produtos para o mercado, para a feira e para a mesa.

O olhar mítico sobre a água é um lugar fantástico para expressar histórias, transmitir conhecimentos, manter princípios morais, regras sociais, poder, ofícios e preservar os papéis sociais de homens e de mulheres.

Nesses tão ricos e diversos imaginários de matriz africana na Bahia, as águas mostram muitos mitos que dialogam com o cotidiano; com as bases sociais e culturais de um grupo; um segmento étnico – por exemplo, o caso dos iorubás, que fazem parte da longa experiência histórica na Bahia. Todo esse patrimônio milenar africano é interpretado como maneiras funcionais para marcar trabalho, fé religiosa, selecionar temas estéticos, comidas e demais expressões de identidade e de alteridade.

Tudo é integrado aos temas da Bahia, Bahia afrodescendente que vive as histórias que relatam como é próxima e cotidiana a sacralidade das águas. Águas salgadas e águas doces. Todas as águas com seus deuses. Águas doces dos rios; águas que mostram o sagrado e a vida.

A melhor forma de trazer os mitos dessa água doce é trazer Oxum, que mostra fartura, maternidade, sensualidade feminina. Ela é um dos mitos mais populares e presentes no imaginário de matriz africana na Bahia (foto 7).

Divindade do rio Oxum (odò Òsun, que está em Ijebu Ode, localidade da Nigéria, na África ocidental), é a segunda mulher de Xangô, e algumas lendas dizem que também foi mulher de Oxalá. Conta a tradição que Oxum nasceu em Ekiti-Efon, mãe de Awujale, rei de Ijebu Ere, da localidade de Ekiti.

As festas para Oxum ibo Oxum, na África, são marcadas pelas comidas à base de inhame, e realizam-se danças em frente ao rio, que é considerado o próprio orixá, e diante dele são pronunciadas as palavras sagradas *orye-yeo*. A festa mais tradicional acontece em Oshogbo, Nigéria, no mês de agosto.

As festas iniciais foram marcadas por Laro, ancestral dos reis da cidade de Oxum, e a tradição diz que ele realizou oferendas para Oxum e que com isso os peixes chegaram; um peixe muito grande projetou água da sua boca,

INTRODUÇÃO – O MITO E A ÁGUA

e assim o rei, com sua cabaça, bebeu dessa água e realizou um elo sagrado com Oxum. O rei recebeu o título de Atojá.

A lewo gba eja, aquele que estende as mãos e pega o peixe, numa profunda relação simbólica com a fertilidade, com as águas e com Oxum, que é o próprio rio.

Nas festas em Oshogbo dedicadas à iá Oxum e a Aworo, são oferecidas no rio as seguintes comidas: agidi (um tipo de massa de milho), inhames cozidos e iyanli (um tipo de sopa).

Pode-se dizer que o mito vai à mesa, pois os sabores e as características dos produtos das águas têm histórias e significados especiais.

Os sabores estão fundados nos muitos significados culinários e mitológicos que trazem cada ingrediente, cada receita; cada maneia de fazer, de servir e de comer.

> Quero boas frigideiras
> Belas pombas e perdizes
> Moquequinhas e bons guisados
> E mui boas pararizes. (Morais Filho *et al.*, 1957, p. 144)

Tanto os imaginários quanto as tradições orais do cotidiano e das festas, como também da religiosidade, mostram a importância da presença dos ingredientes e das receitas que formam os cardápios e os hábitos alimentares da Bahia.

São os alimentos que chegam das águas do mar, dos rios, das lagoas, sempre reveladores de uma rica diversidade e de processos culinários que interpretam, preservam, reinventam em cada cozinha, em cada mesa, em cada banca de feira ou mercado os mais profundos sentimentos dos sabores que singularizam e identificam essa tradição baiana de comer.

Anchova, badejo, camarões marinhos, camarões carídeos, bagre, baiacu, pargo, prejereva, robalo, lagosta, caranguejo-de-porcelana, ermitões, tatuí, bicuda, bonito, carapau, caratinga, cavala, caranguejo-verdadeiro, camarão-de-estalo, aratu, espada, galo, dourado, cioba, marinheiro, siri-azul,

uçá, garoupa, linguado, marabá, tainha, xaréu, miraguaia, sororoca, guaiamum, parati, pampo, olho-de-cão, olhete, lambreta, ostra, berbigão, xangó,
lapas, cação, pititinga, sardinha, chumbinho, mexilhão, sururu, vermelho.

Sempre terá um ingrediente das águas nas receitas. Ipeté, moqueca de
bacalhau, bacalhau a martelo, moqueca de siri-mole, peixe frito, vatapá,
caruru, efó, moqueca de camarão, bobó, arroz de hauçá, abará, frigideira de
bacalhau, moqueca de miraguaia, curumatã salgada ensopada, escaldado
de surubim, bolinho de peixe, moqueca de folha, pititinga assada, arroz de
marisco, bacalhau à baiana, "casquinho" de siri, feijão de azeite, moqueca
de arraia, moqueca de peixe, moqueca de siri catado, moqueca de sururu,
peixe ao leite de coco, moqueca de peixe fresco, moqueca de xaréu, bacalhau ao coco, omolocum, latipá ou amori, frigideira de camarões, arroz de
camarão, bacalhau assado, bolinho de bacalhau feito no forno, ensopado
de bacalhau, ensopado de camarão e de ostras, escaldado de caranguejo,
escaldado de peixe, frigideira de siri, de caranguejo e de ostra, moqueca
de bacalhau, moqueca de peixe salgado, moqueca de camarão e de ostra,
moqueca de peixe em postas, moqueca de peixes pequenos, peixe assado
no forno.

A comida é uma realização estética, simbólica e repleta de significados
para quem faz, para quem serve e para quem come. É um conjunto
complexo de rituais nas cozinhas, nas feiras, nos mercados, nas mesas, nas
experiências da comensalidade.

Cada comida é uma realização visual que está integrada ao sabor, assim
como os utensílios são usados para caracterizar cada receita. Cor, textura,
forma, odor, juntos, trazem a identidade de cada comida.

Nas receitas do Recôncavo os camarões secos e defumados são funda-
mentais e integram os temperos, geralmente com muita cebola e dendê,
cor e sabor que autentica as referências de matriz africana que são tão
marcantes nas interpretações de um extenso cardápio das chamadas "comidas moles": vatapá, caruru, feijão de azeite.

INTRODUÇÃO – O MITO E A ÁGUA

Os camarões defumados são secos ao sol, e muitos afirmam que nessa etapa colocam-se folhas de aroeira para evitar insetos e, assim, preservar os camarões, o que certamente marca algumas referências de sabor. Após a etapa de secagem, eles são defumados em verdadeiros "tanques" de fumo, feitos à base de fogo a lenha para dar o buquê da defumação – uma delícia.

Os gostos das comidas vão além dos ingredientes; eles estão nas maneiras de servir e de consumir cada alimento.

Por exemplo, para comer a lambreta, como indica a tradição, o molusco deve ser servido em louça de barro, louça do Recôncavo e, em especial, Maragogipinho, geralmente uma najé, louça arredondada, comum para servir comida. A farofa de dendê e o molho lambão que acompanham a lambreta também devem ser servidos em louça de barro. Comer lambreta é um ato de sociabilidade. E ela deve ser comida preferencialmente na rua, no bar, na banca de um mercado. É uma comida que antecede o momento do almoço, ou uma comida de final de tarde; é uma assinatura da Bahia à boca.

Outro exemplo, o peixe seco e/ou salgado, tão próximo e presente nas nossas mesas, como o bacalhau, é um tema ainda dominante nos conceitos atuais do bem comer e nas comidas de festa.

Nas receitas da Bahia há muitos pratos à base de bacalhau, pratos para momentos de festa, de celebrações em família na Semana Santa, que é marcada por comidas de azeite – isto é, feitas com dendê. Uma frigideira de bacalhau é um prato nobre, pois o bacalhau possui um sentido de peixe especial.

Certos peixes carregam um tabu alimentar, como também alguns crustáceos, e isso orienta a formação de cardápios que traduzem bases étnicas e religiosas, o que faz com que a alimentação ultrapasse os princípios nutricionais dos ingredientes. Isso porque cada ingrediente tem um significado que vai muito além dos seus valores nutricionais. Tudo é importante na comida, principalmente as regras e os princípios morais e religiosos da alimentação.

Em diferentes tradições religiosas, os chamados "peixes de pele" e os crustáceos são considerados verdadeiros tabus alimentares, que são usados para justificar algumas formas de manter processos coletivos de sanidade, de equilíbrio nos cardápios, nas suas bases funcionais e mitológicas.

Os ingredientes não vão só para a boca; vão para a memória, para a tradição, para a cultura e, então, chegam às cozinhas. E, quando chegam das águas, do mar ou do rio, trazem todas as histórias de mitos, deuses e reinos. Trazem a presença de figuras fantásticas, sereias, Iemanjá, Oxum, entre tantas que habitam (e se relacionam com) tudo o que vive nas águas. E, assim, cada ingrediente que vem das águas tem uma história, um significado, e representa um tema da tradição, da cultura do mar, dos rios, das águas.

REFERÊNCIAS

BACHELARD, G. *El agua y los sueños: ensayo sobre la imaginación de la materia*. Cidade do México: Fondo de Cultura Económica, 1978.

CARYBÉ. *Pesca do xaréu*. Coleção Recôncavo, nº 1. Salvador: Livraria Progresso Editora, 1955.

ELIADE, M. "Notes sur le symbolism aquatique". Em *Zalmoxis*, vol. II, 1939.

_____. *Tratado de história das religiões*. 2ª ed. São Paulo: Martins Fontes, 1998.

LAO, M. *Las sirenas: historia de un simbolo*. Cidade do México: Era/Libreria Las Sirenas, 1995.

LODY, R. *Atlas afro-brasileiro: cultura popular*. Salvador: Maianga, 2006.

_____. *Bahia bem temperada: cultura gastronômica e receitas tradicionais*. São Paulo: Editora Senac São Paulo, 2013.

_____. *Dicionário de arte sacra & técnicas afro-brasileiras*. Rio de Janeiro: Pallas, 2003.

_____. *O negro no museu brasileiro: construindo identidades*. Rio de Janeiro: Bertrand Brasil, 2005.

MORAIS FILHO, M. *et al. Bailes pastoris na Bahia*. Salvador: Publicações da Câmara de Vereadores da Cidade do Salvador, 1957.

QUERINO, M. *A arte culinária na Bahia*. Prefácio Bernardino de Souza. Apresentação e notas Raul Lody. 3ª ed. São Paulo: Martins Fontes, 2011.

Em defesa da qualidade ambiental para preservar a qualidade gastronômica dos produtos pesqueiros das comunidades tradicionais da Bahia

Miguel da Costa Accioly e Jussara Cristina Vasconcelos Rêgo

INGREDIENTES DE ECOLOGIA E SUSTENTABILIDADE PESQUEIRA

Qual a origem dos ingredientes marinhos dos saborosos pratos tradicionais da culinária baiana? O que garante sua qualidade e sua disponibilidade? Não estamos falando da existência no mercado, mas da própria existência dos mariscos em si. Os principais ingredientes marinhos – moluscos, crustáceos e peixes – têm suas origens ligadas a ecossistemas costeiros, estuários, manguezais, coroas e recifes. E suas qualidades dependem das condições ambientais desses ecossistemas. Ou seja, para que existam os ingredientes, devem existir os ecossistemas, e, para que o sabor e outras propriedades sejam característicos, tais ecossistemas precisam ser bem cuidados. Mas isso ainda não garantirá os melhores pratos, com os sabores característicos, se os ingredientes não forem capturados e tratados pelas formas tradicionais, as artes de pesca tradicionais.

A Bahia é o estado com maior extensão de costa do Brasil, porém o mais importante é possuir a maior diversidade de ecossistemas costeiros. Todos esses ecossistemas precisam existir para garantir alimento, abrigo e demais condições ao desenvolvimento, ao crescimento e à reprodução da conhecida riqueza de seres marinhos, esses preciosos ingredientes. Os manguezais são os ecossistemas mais especiais da costa da Bahia, pois garantem, com suas exclusivas florestas de árvores que crescem em áreas marinhas, os alimentos para a grande maioria dos recursos pesqueiros, uma vez que as correntes oceânicas desse litoral são pobres em nutrientes. As baías e os estuários estabelecem as condições para os manguezais existirem – abrigo e salinidade principalmente –, multiplicando o poder nutritivo a todos os organismos aquáticos por meio dos riquíssimos seres microscópicos que vivem dispersos na água e são os principais alimentos dos nossos "produtos pesqueiros". As coroas de areia ou lama, bem como os recifes rochosos, de corais e algas, provêm abrigos adequados e áreas de pastoreio e reprodução para muitos desses seres.

Toda essa riqueza ecossistêmica, expressa em riqueza de produtos pesqueiros, não se torna disponível ao nosso paladar sem a tradução do conhecimento tradicional refletido nas artes de pesca. É esse conjunto de conhecimentos que garante a captura e o manuseio de forma adequada para a manutenção das propriedades e dos sabores e que também garante a própria manutenção daqueles produtos. É um conjunto de técnicas que respeitam os princípios da vida da população de cada espécie pescada – as épocas, os locais e os tamanhos de captura. A riqueza e a importância da conservação desses conhecimentos são bem ilustradas no artigo "Dos saberes aos sabores na pesca tradicional de Velha Boipeba", nesta mesma obra. Na Bahia, praticamente toda a produção pesqueira vem da pesca tradicional, a qual tem demonstrado em suas práticas os elementos responsáveis pela conservação desses bens há algumas gerações e, por essa razão, é capaz de continuar garantindo a sustentabilidade das sociedades pesqueiras para as futuras gerações (Accioly *et al.*, no prelo).

A qualidade gastronômica do pescado depende da qualidade ambiental, e esta, das condições e dos recursos dos ecossistemas costeiros, características definidas por temperatura, correntezas, sedimentos, nutrientes disponíveis, qualidade do plâncton, transparência da água e consequente penetração da luz.

> A qualidade dos alimentos de origem marinha é determinada por uma variedade de fatores pré e pós-pesca ou extração, incluindo dieta, condições ambientais, processamento, estocagem e transporte, e pode estar associada à presença de substâncias químicas no ambiente. (Vinhaes & Andrade, 2013, p. 14)

Infelizmente, a manutenção dos ecossistemas costeiros tem sido constantemente ameaçada. Como diz Souza (2014), com relação à utilização inadequada dos espaços costeiros e à destruição dos seus recursos que têm sido frequentemente observadas no Brasil:

> Sucedem-se os danos derivados da modificação da paisagem natural e construídos através da especulação imobiliária; remoção de populações tradicionais; desestruturação da base produtiva das localidades; as zonas de pesca comprometidas com o lançamento de dejetos químicos; destruição de estuários e consequente eliminação dos locais de reprodução de espécies marinhas; contaminação da flora e da fauna marinha; e outros fatos [...]. (Souza, 2014, p. 130)

Além dessas ameaças, destacam-se as construções costeiras, as alterações da linha de costa e dos padrões de correntes e circulação marinhas, e ainda as construções de estruturas marítimas como plataformas de petróleo e portos, além da introdução de espécies não nativas (Accioly *et al.*, no prelo). É sabido que esse processo tem afetado os estoques pesqueiros e a pesca, especialmente nas áreas rasas costeiras – as mais produtivas que se conhecem –, mas o que é pouco conhecido é o modo como tal processo tem levado à perda de qualidade dos recursos gastronômicos, em especial de elementos conhecidos pelas culturas culinárias tradicionais. Exemplo disso foi observado por Freitas (2014) em comunidades da Baía de Todos os Santos, onde os hábitos alimentares foram mudados em decorrência dos efeitos da contaminação química. Observaram-se tanto redução de produtos da pesca para consumo quanto aumento do consumo de produtos industrializados. Dessa forma, ficam mais raros os escaldados de mariscos variados com temperos da própria localidade e se tornam mais comuns o peixe frito no óleo de soja, o extrato de tomate, o caldo de galinha e a carne enlatada.

É importante trazer à tona a definição de desenvolvimento como processo de ampliação das liberdades humanas, ou seja, de expansão das escolhas que as pessoas fazem para ter vidas plenas e criativas (Cechin, 2010). Então, não é o desenvolvimento que ameaça transformar os ecossistemas costeiros a ponto de nos fazer perder o acesso aos sabores e à qualidade nutricional da pesca tradicional; é mesmo a falta de gestão das atividades econômicas que permite que a gana capitalista sobrepuje as liberdades e os direitos coletivos. O que este artigo procura esclarecer é a importância não só da garantia da existência dos ecossistemas (foto 8) como também – e principalmente – da manutenção de suas qualidades como forma de assegurar a qualidade dos saberes e sabores em torno dos alimentos tradicionais pesqueiros.

O presente texto busca evidenciar a necessidade da responsabilidade para com o ambiente e as comunidades pesqueiras como forma de garantia do patrimônio gastronômico, social e cultural. Não convém apontar os territórios que estão comprometidos, uma vez que, como diz Freitas (2014) ao se referir às comunidades tradicionais que se encontram contaminadas, tal contaminação deve passar com o tempo, pois, segundo creem as comunidades, o ambiente tem a proteção das espiritualidades que habitam o local, que são as divindades saneadoras. Então, no futuro breve, quando esses ambientes estiverem saneados – como também queremos crer –, este texto não lançará injustamente acusação de contaminação.

PARA ENCHER OS OLHOS E A BOCA: A RIQUEZA DA DIVERSIDADE TRADICIONAL

O litoral baiano, em sua vastidão e diversidade, abriga muitos produtos pesqueiros, com uma infinidade de formas de preparo e apresentação. O mais amplamente conhecido é a moqueca, mas mesmo esse prato tão vibrante e popular encontra as mais variadas nuanças, desde seu ingrediente marinho básico até os diversos temperos e acompanhamentos que se apresentam ao longo da costa: a moqueca de baiacu, com todas as suas lendas e seus segredos, tratados em outro artigo deste livro; a moqueca de ostra cultivada no vale do Iguape, elaborada com quase todos os ingredientes plantados e produzidos pela comunidade ("cuento" miúdo, "cuento" nativo, "afavaca", quioiô, hortelã grosso e miúdo, azeite de dendê, pimenta--malagueta, entre outros não revelados). Destaque especial cabe para a mariscada de Saubara, tradicionalmente vendida pelas ruas do povoado.

Entre os saborosos caldos – com propriedades nutritivas, curativas e afrodisíacas –, destaca-se o de corongondé, pequeno crustáceo que vive em conchas abandonadas por moluscos. O caldo de corongondé de Matarandiba promete levantar defunto. Isso não vimos, mas que levanta todos os ânimos é certo. Em todas as comunidades encontramos os chumbinhos, também conhecidos por bebe-fumo, pelo sabor ativo característico. Junto aos sururus, são os principais ingredientes de deliciosos caldos. Temos ainda o machadinho de Cairu de Salinas, uma espécie de sururu de pedra que cresce nos recifes da região, sustentando há muitas gerações aquela comunidade de mariscagem com um sabor bem próprio de lá.

Em escaldados, saladas e aferventados, encontramos diversos mariscos, com muitas histórias e diversos sabores, desde a maravilhosa lambreta de Garapuá, crescida em manguezal especial com características totalmente marinhas. Esse molusco era levado pelos saveiristas como seu próprio alimento nas viagens por mar desde a ilha de Tinharé até a rampa do Mercado Modelo, em Salvador. Os maravilhosos aferventados feitos pelos saveiristas viraram mania na década de 1960, quando ganharam o nome de lambreta por causa dos veículos usados pelos consumidores que se reuniam naquele ponto da cidade para apreciar o prato, que hoje é comum em toda a costa. Também temos os escaldados de sambá da ilha de Maria Guarda (salpiro em Ilha de Maré), molusco que se incrusta nos recifes rochosos em torno das ilhas do nordeste da Baía de Todos os Santos; delicioso e do qual só encontramos paralelo no sul da Colômbia, onde as conhecidas *pianguas* ocorrem nas raízes e nas rochas do manguezal, sustentando a vida de suas comunidades pesqueiras tradicionais.

Destacam-se ainda as diversas espécies de siris e suas formas peculiares de serem preparados e servidos, desde os deliciosos pastéis de Jaguaripe aos empanados de Caboto, passando pelo famoso siri de mergulho de Salinas, pelo siri boia da Ribeira, pelo siri caxangá dos Frades e pelo siri de mangue de Aratu. Ainda dentre os crustáceos, os camarões são uma riqueza muito importante, desde o grande camarão-pistola, para degustar individualmente em saladas, defumado em espetos ou na brasa, até os pequenos camarões tanha, de sabor muito mais marcado, perfeitos para rechear acarajés ou em moquecas – nestas, porém, o camarão canal é insubstituível.

Na comunidade quilombola pesqueira da Graciosa (Taperoá), as ostras ganharam notoriedade, por manterem a comunidade desde os tempos em que os escravos foram lançados à própria sorte e nas coroas rochosas do rio da Graciosa encontraram suprimento nutricional abundante nesse molusco. Com a construção da ponte da rodovia BA-001 que destruiu a principal coroa de pesca de ostra, a comunidade voltou a encontrar sustento nas ostras, cultivando-as com técnicas artesanais bastante adequadas ambientalmente. A força dessa história agrega muito mais sabor às ostras dessa pequena comunidade tradicional do Baixo Sul baiano.

Não se pode deixar de destacar os deliciosos peguaris das coroas de Cova da Onça ou de Salinas da Margarida, com sabores diferentes para o mesmo molusco. Mas, apesar das semelhanças físicas para o leigo, são completamente diferentes dos tapus, muito encontrados em Ilha de Maré. Ainda dentre os moluscos, os polvos da ilha de Boipeba e seus diversos preparos proporcionam experiências gastronômicas especiais (foto 9).

TOME CUIDADO PARA NÃO DESANDAR O PREPARO

Por todas essas riquezas, devemos cuidar para nunca deixar de ter os sabores, os saberes e as comunidades que os produzem. Devemos dirigir o desenvolvimento para garantir e aumentar essas riquezas – social, ambiental e economicamente –, exemplo que encontramos em muitos lugares, como citado por Diegues:

> Em vários países da Europa, com grande tradição pesqueira, o pescado fresco, de alta qualidade é fornecido pelos pescadores artesanais, e vendido nos restaurantes de alto padrão situados geralmente nos próprios portos de desembarque. (Diegues, 2004, p. 187)

Ou seja, precisamos ter cuidado com a forma que essas riquezas são degustadas e como os espaços e territórios são ocupados, a fim de que continuem sempre disponíveis para o deleite de todos e com qualidade cada vez melhor.

O modelo de turismo disseminado na costa brasileira tem promovido um sério comprometimento dos recursos, suporte da própria atividade, e sua oferta reproduz-se em outros espaços, numa irracionalidade sem tamanho. Como exemplo disso, numa ilha da Baía de Todos os Santos foi iniciada a construção de um hotel com pontes e passarelas interligando as pequenas ilhotas circundantes, reproduzindo o modelo da Polinésia, o que proibiria os pescadores de pescar, mariscar e fazer pouso na ilha (Souza, 2014). Felizmente, a Justiça ordenou a suspensão das obras, mas isso ilustra bem o modelo adotado, que exclui o que é característico da região e monta um atrativo completamente dissociado da cultura local, que deveria ser reconhecida e tratada como o diferencial buscado pelos turistas.

A introdução de culturas diferentes sem o devido respeito ameaça as comunidades tradicionais do mesmo modo que a introdução de espécies exóticas (nativas de outras regiões), geralmente inseridas com o aumento de fluxo de pessoas e embarcações. Essas espécies, apesar de encontrarem condições excelentes para viver, costumam não se integrar aos ecossistemas locais, entrando em processos agudos de competição ou predação, produzindo um desequilíbrio capaz de eliminar as espécies nativas. Exemplo disso encontramos no siri bidu, que foi introduzido na Baía de Todos os Santos e atualmente ocupa o espaço e reduz a produção pesqueira dos diversos siris nativos (foto 10). A pesca do siri ficou completamente prejudicada com o predomínio do bidu, siri pequeno, de casca muito pesada e espinhosa, na maioria dos hábitats pesqueiros da Baía de Todos os Santos.

O descontrole do mercado, com o aumento da demanda pelo consumo do turismo e de veraneio, faz com que haja forte aumento de pressão sobre os estoques pesqueiros. Esse fenômeno leva muitos pescadores a ingressar a atividade sem o domínio das técnicas tradicionais, geralmente provocando redução dos estoques pesqueiros e colocando no mercado um produto de qualidade inferior. Economicamente, esse processo se caracteriza por levar à exaustão a atividade produtiva, obrigando quem ali trabalha a investir em outro produto (Silva, 2003). Exemplo disso tem sido observado com as lambretas na Bahia. Com o aumento do consumo em diversas regiões da costa, a captura desse molusco foi bastante ampliada. O processo se agravou por uma mortandade dos caranguejos, o que fez muitos pescadores "caranguejeiros" passarem à captura da lambreta. Tem sido observado que as lambretas comercializadas estão muito abaixo do tamanho mínimo característico da espécie, tamanho este que garantia a capacidade de reprodução dos indivíduos antes da captura, mantendo os estoques naturais.

Silva (2003, p. 58) afirma que "são as distorções no sistema de preços que definem os desvios da trajetória socialmente ótima de exploração". É preciso, então, buscar implementar os princípios da economia ecológica, que articula as funções dos limites físicos impostos pelo ecossistema, para a renovação dos recursos econômicos, com a noção de que o ambiente é uma construção social. Dessa forma, é fundamental compreender que a economia ecológica "não se limita a uma leitura biofísica da economia, antes a recoloca, também, em suas dimensões políticas, sociais e morais" (Vivien, 2011, p. 134). Numa sociedade consciente, para que se mantenham os estoques em padrões sustentáveis, deve-se favorecer o mecanismo de mercado que é o aumento do preço em função do aumento da demanda ou da escassez do produto mesclado com ações de regulamentação (comando e controle) do mercado. Preços mais elevados associados ao controle da qualidade do produto garantem a sustentabilidade do pescador, que pesca menos, porém pesca produtos de melhor qualidade sem exaurir o estoque do pescado. Isso exige muita conscientização associada às atividades econômicas em torno das áreas costeiras, a fim de que haja a gestão do mercado, afinal, como disse Cechin (2010, p. 102), "a solução para o problema da distribuição de recursos naturais entre as gerações se encontra no campo da ética, e não da economia".

Por último, é importante se ater à poluição, uma vez que ela, além de comprometer a sanidade, geralmente altera a composição de espécies de uma região. Assim, tende a ocorrer redução da população de algumas espécies, que perdem o predomínio sobre as demais por conta da poluição, enquanto outras poucas apresentam um exagerado crescimento populacional. O chumbinho assume essa característica, na medida em que predomina sobre os demais moluscos em área de manguezal com poluição de esgotos domésticos ou de efluentes de mariculturas, ao mesmo tempo que as demais espécies perdem densidade populacional, tornando-se raras ou mesmo desaparecendo das áreas.

ALGUNS CARDÁPIOS AMEAÇADOS

Relato de Quirijn Maurits Rudolph Ver Huell, jovem oficial holandês que durante viagem marítima esteve no Brasil, descreve suas experiências em uma das ilhas da Baía de Todos os Santos por volta de 1809:

> Ao comando de nosso anfitrião, alguns escravos foram enviados ao manguezal e retornaram com um grande número de boas ostras que eles haviam coletado das raízes curvas das suas árvores. Os mariscos ligavam-se a estas, ficando submersos a cada maré. A maioria, no entanto, podia mesmo ser encontrada um pouco abaixo do nível d'água. Uma toalha de mesa foi estendida no chão para nós. Pratos, taças e um bom vinho foram distribuídos e as ostras, finalmente, foram abertas e servidas; acima das nossas cabeças, excelentes limões! Eis aí um banquete de ostras como jamais havia presenciado, pois ostras e limões eram literalmente coletados das árvores ao nosso redor. (Ver Huell, 2009, p. 223)

Nessa ilha, limões e ostras ainda podem ser "colhidos" diretamente das árvores, mas, lamentavelmente, em decorrência da ganância capitalista, ambos se encontram contaminados por agrotóxicos e metais pesados, tornando o consumo desaconselhável. Felizmente, muitas outras ilhas e outros pontos da Baía de Todos os Santos ainda estão livres dessas maldições, embora todos se encontrem ameaçados. Então, temos que conhecê-los – menos para conhecer antes que acabem e mais para mudar os processos de apropriação e intervenção nos territórios de pesca, a fim de que tais iguarias e os saberes em torno delas continuem existindo.

Uma dessas áreas mais ameaçadas é Ilha de Maré, que pertence ao município de Salvador e conta com 6.434 habitantes (IBGE, 2010) distribuídos em dez comunidades pesqueiras, sendo três também quilombolas. Há mais de cinquenta anos essa área tem sofrido impacto forte e crônico proveniente da indústria petroquímica e da atividade portuária, tanto pelas emissões constantes de poluentes quanto pelas emissões eventuais provocadas pelos frequentes acidentes causados pelas operações realizadas com estruturas já obsoletas e/ou deficientes. Esse impacto coloca em risco a produção e o consumo de sarlambi, camarão, tapu, peguari, salpiro, rala-coco, ostra, caranguejo, sururu, siri e alguns peixes como baiacu, sambuio, carapeba e bagre (fotos 11, 12 e 13).

Tal risco pôde ser observado quando, após um dos acidentes ocorridos no porto de Aratu – o incêndio do navio Golden Miller, em 17 de dezembro de 2014 –, as comunidades de Ilha de Maré sentiram sua economia e sua tradição pesqueira definharem. Estando o navio em chamas com a queima da carga de propeno, uma das providências tomadas pelo Porto foi escoar o óleo combustível para o mar, como forma de prevenção contra um mal maior que poderia ser a explosão do navio. Isso é o que podemos chamar de descobrir um santo para cobrir outro! Com essa medida esdrúxula, percebeu-se não haver planejamento para as situações de emergência nem sensibilidade ambiental para com aquela importante área produtiva pesqueira. No momento do descarte, as correntes da maré de vazante levavam o óleo mais para o meio da Baía de Todos os Santos; na virada para maré de enchente, o óleo retornava em direção à ilha, atingindo manguezais que a circundam e que integram a paisagem de Maré. O acidente causou uma mortandade sem precedentes dos mariscos, comprometendo o sustento das comunidades e as maravilhosas iguarias da culinária baiana provenientes da região. Os organismos que vivem no substrato foram afetados diretamente pela presença do óleo nos manguezais e nas coroas, onde os mariscos morreram em grande quantidade. No caso do sarlambi, houve uma grande migração para a superfície de áreas menos afetadas, porém com redução da sanidade. Alguns peixes foram afetados, possivelmente por estarem em ambientes mais rasos.

Os territórios pesqueiros – incluindo as áreas de pesca e mariscagem, as de reprodução e crescimento das espécies e ainda as áreas de moradia e instalações dos pescadores e marisqueiras – precisam ser mantidos na medida em que constituem os principais componentes da sustentabilidade da própria pesca. No entanto, esses territórios são ocupados por demandas desenvolvimentistas como se fossem áreas sem uso, sem importância, tanto por estruturas para o turismo como por indústrias, rodovias e portos. O patrimônio produtivo dos territórios pesqueiros é frequentemente negligenciado pelos estudos de impacto ambiental (EIAs) que orientam os processos de licenciamento de atividades econômicas de grande porte. Um exemplo disso se deu com a dragagem da região próxima à foz do rio Paraguaçu para a implantação de um grande estaleiro de construção naval. No EIA, a atividade praticamente não geraria impacto ambiental ou social, à exceção de uma pequena área em torno de uma pequena comunidade, que seria comprometida apenas na locomoção com pequenas embarcações durante os dois meses da dragagem. Ao ser iniciada a atividade das dragas e dos navios de transporte da lama, mesmo com todo o acompanhamento das equipes do governo e das empresas, garantindo que estava tudo dentro da normalidade prevista, foram registrados efeitos sobre a produção pesqueira em cerca de 26 comunidade distribuídas em três municípios (foto 14). Houve desde impossibilidade da pesca do siri de mergulho até comprometimentos sérios das armadilhas de pesca de siri, além de grande queda na produção de robalo, sardinha, camarão, peguari e chumbinho, entre outros. Para agravar a situação, espalhou-se a notícia de que o material espalhado pelas dragas estaria conferindo um sabor desagradável aos mariscos da região e até mesmo os contaminando. O boato fez os preços despencarem para menos de um terço do normalmente praticado durante mais de seis meses, ameaçando a sobrevivência de centenas de famílias de pescadores e marisqueiras.

Outro processo que reflete a falta de cuidado com a manutenção dos nossos valiosos sabores e saberes, ameaçando o patrimônio gastronômico tradicional, é a introdução de mariculturas industriais de espécies diferentes das nativas. Exemplo disso são as carciniculturas implantadas no país, na medida em que induzem a população ao afastamento da diversidade de sabores dos camarões nativos assim como produzem fortes impactos social e ambiental nos territórios pesqueiros tradicionais. É cada vez mais comum sermos servidos com moquecas de camarão sem que se saiba o tipo – geralmente se utiliza o camarão cinza cultivado industrialmente. Não informar o tipo de camarão é impensável em comunidades tradicionais, por causa das diferenças não apenas de tamanho mas, principalmente, de sabores e consistências entre os camarões tanha, canal e pistola, por exemplo. Considerar os diferentes tipos de camarão não é apenas dar valor aos diferentes tamanhos, como muitos pensam, mas levar em conta os valores reais de sabor e possibilidades de preparo, com as dificuldades relativas da pesca e os saberes tradicionais embutidos em cada um (fotos 15 e 16).

O modelo de turismo que se alastra na Bahia é o de massa, que busca elementos de sucesso turístico existentes em outras partes do mundo e tenta reproduzi-los, muitas vezes de modo grosseiro. Com isso, em vez de valorizar e exaltar os valores locais que fazem da localidade um destino único, desvalorizam e destroem esses atrativos, reduzindo a riqueza cultural e a ambiental, inclusive o patrimônio gastronômico.

Segundo Souza,

> [...] a falta de controle dos desdobramentos físico-espaciais da atividade do turismo de litoral, além dos impactos territoriais, tem contribuído, em alguns municípios, para a desestruturação das atividades econômicas tradicionais, promovendo a eliminação ou o abandono das atividades agrícolas e pesqueiras, além de fortes mudanças sociais e rupturas culturais irrecuperáveis. (Souza, 2014, p. 385)

Em outros países do mundo é possível não apenas visitar e conhecer as áreas de pesca e suas riquezas culturais e culinárias como também conhecer os processos de pescaria, promovendo a inclusão de pescadores e marisqueiras no turismo. No Canadá, por exemplo, pagamos cerca de 150 dólares para, com um pequeno grupo, participar de uma hora de mariscagem de moluscos, num roteiro bem concorrido na Nova Escócia. Os cinco marisqueiros que nos acompanharam, sorteados em sistema de rodízio pela associação, ensinaram como localizar os moluscos, escolher os adequados e devolver os pequenos ao ambiente. Depois, pudemos degustar os mariscos que nós mesmos havíamos capturado, assistindo ao pôr do sol e ouvindo algumas canções tradicionais. Um passeio desses rende mais aos marisqueiros daquela associação do que um dia inteiro de mariscagem comum. Sem falar que, ao sair da praia, fomos levados à sede da associação e pudemos comprar mais mariscos. Também no Canadá, no golfo de São Lourenço, pudemos acompanhar um grupo de turistas num passeio para conhecer a pesca da lagosta e a criação de mexilhões. Ao final, um dos pescadores, conversando conosco, revelou que uma única lagosta dentro de uma armadilha no mar rende a ele por dia muito mais que uma semana de pescaria, uma vez que era possível realizar uma dezena de passeios daquele num único dia de verão para vê-la. De forma semelhante, pudemos "pescar" caranguejos e salmão na Colúmbia Britânica guiados por pescadores indígenas. Também participamos de roteiros semelhantes guiados por pescadores nativos em áreas de manguezal e de recifes de coral na Tailândia, acompanhando pescarias, mariscagens e cultivos de peixes e até de pérolas. Sempre acabando em deliciosos banquetes de comidas cuja produção pudemos ver e que foram preparadas com os temperos e saberes locais. Aqui mesmo, no Brasil, vimos algo nessa linha no Roteiro das Ostras, no litoral do Paraná, em que é possível conhecer os cultivos de ostras nativas no manguezal local, não de espécies exóticas (como ocorre em estados próximos), e degustá-las em pequenos restaurantes dentro das comunidades de marisqueiros. Restaurantes com certificados de qualidade sanitária das ostras e pessoal nativo bem capacitado para o atendimento.

PARA CONTINUAR SE DELICIANDO

Para que todos tenham acesso às riquezas culturais e ambientais de nossas costas, é necessário rever o modelo de turismo adotado pela sociedade. Inserir roteiros étnicos, culturais, ambientais, históricos e, claro, gastronômicos. "Em vários países do mundo, um bairro de pescadores artesanais é um ponto turístico obrigatório, que abriga muitas tradições, bons restaurantes típicos onde parte da produção pesqueira é consumida, gerando renda e divisas" (Diegues, 2004, p. 187).

Dessa forma, o turista e os operadores passam a valorizar as riquezas locais, propiciando a inclusão dos detentores dos saberes e sabores tradicionais locais, num modelo de desconcentração de riqueza pelo turismo.

Outra providência diz respeito a garantir maior participação dos integrantes das comunidades nos processos de planejamento, licenciamento e monitoramento dos empreendimentos econômicos externos nos territórios pesqueiros. Basta cumprir com rigor o que a legislação já pressupõe e praticar a participação com efetividade, permitindo o poder de decisão. Mais acertada é a delimitação de Unidades de Conservação de uso sustentável para esses territórios, possibilitando o estabelecimento de regras de consenso em prol do fortalecimento das atividades pesqueiras e das comunidades. A luta pela regulamentação dos territórios pesqueiros também vai nessa direção e deve ser vista como uma aliada do desenvolvimento de atividades sustentáveis nessas áreas, incluindo desde o turismo até a indústria. As comunidades tradicionais pesqueiras podem realizar a gestão ambiental dos recursos naturais com os quais garantem sua sobrevivência por meio do extrativismo pesqueiro ou de cultivos artesanais. Mas, para isso, é preciso haver garantias de acesso dos pescadores aos territórios pesqueiros, e, ainda, garantir-lhes o uso dos recursos. Com a regulamentação dos territórios pesqueiros tradicionais, o colapso das áreas produtivas pode ser combatido, garantindo a devida apropriação pelas comunidades que desses territórios se sustentam há muitas gerações (Accioly *et al.*, no prelo).

A ostreicultura artesanal realizada pelas comunidades tradicionais definindo uma nova oferta e conferindo qualidade à ostra nativa para ser degustada viva traz uma série de possibilidades de desenvolvimento real e inclusivo para muitos territórios. Na Bahia, já temos exemplos de cultivos de base comunitária que estão funcionando comercialmente muito bem, no vale do Iguape (Cachoeira), em Ponta Grossa e em Matarandiba (Vera Cruz), dentro da Baía de Todos os Santos, bem como na Graciosa (Taperoá) e no rio dos Patos, no Baixo Sul. Mas a tecnologia dominada pelas comunidades tradicionais pesqueiras é adequada para muitos outros locais da costa baiana onde as condições sanitárias, principalmente, permitam. A produção de ostras nativas provém, na maioria, da coleta direta nas raízes do mangue ou em rochas no fundo de estuários (extrativismo) e de cultivos (ostreicultura) em áreas estuarinas.

Comparando as duas origens desse produto, nota-se que as provenientes do extrativismo muitas vezes trazem danos ao meio ambiente, pois geralmente não se retira uma ostra por vez, mas cachos inteiros – conhecidos popularmente como quizambas –, com ostras de diferentes tamanhos, sendo as menores descartadas e as maiores selecionadas para a comercialização. Outro grande prejuízo ao meio ambiente muito comum a essa prática consiste nas agressões às raízes do mangue, que muitas vezes sofrem ferimentos graves, podendo ocasionar a morte da planta, ameaçando a vida daquele ecossistema.

No mercado de ostras provenientes do extrativismo e que serão consumidas cruas, não pode haver falta de confiança quanto à sua origem e à consequente falta de garantias sanitárias, ambientais e sociais. Isso faz com que o produto extraído desordenadamente do manguezal não tenha um bom valor no mercado. Por outro lado, a ostra cultivada apresenta várias características que a qualificam como um produto diferenciado, pois, além de preservar diretamente os manguezais (por reduzir a pressão sobre os estuários), o cultivo geralmente consiste em uma atividade familiar solidária, que contribui para o desenvolvimento social, gerando uma renda complementar para as comunidades tradicionais. Além disso, pela rastreabilidade torna-se possível agregar valor à origem das ostras e safras, de acordo com as diferentes condições ambientais.

Pudemos acompanhar, em cultivos na América do Norte, chefes de cozinha visitando as pequenas ostreiculturas de diferentes regiões para

EM DEFESA DA QUALIDADE AMBIENTAL...

degustar as ostras no início da safra e negociar os lotes a serem comprados ainda no cultivo. Nos cultivos em uma ilha no golfo de São Lourenço, os produtores chegam ao requinte de plantar uma pequena alga característica daquela região na concha das ostras como forma de identificar a procedência exclusiva de suas ostras mais valorizadas. As nativas do Brasil são de uma espécie que só ocorre aqui e têm um sabor reconhecido internacionalmente e único, apesar de serem um pouco menores que as de outros lugares do mundo. Outra característica importante é que o produto cultivado pode levar garantia de regularidade de fornecimento ao consumidor. Dessa forma, o restaurante pode investir na ostra, treinando cozinheiros e garçons para servi-las e divulgar o produto no seu cardápio, pois sabe que pode comprar sempre aquela ostra com aquela qualidade e segurança sanitária. O consumidor também ganha, pois, com a identificação do produtor, tem garantia de tamanho, formato e principalmente sabor (foto 17). O melhor de tudo é que essa ostra, quando traz esse aumento de qualidade para o consumidor, promove a valorização do produto e do produtor. Ou seja, as famílias que cultivam ostras são valorizadas também, e esse é o melhor resultado: ostra cultivada faz com que as famílias que as cultivam tenham maior valor social.

Outro aspecto interessante: havendo os devidos cuidados de identificação dos locais e dos sistemas de cultivo empregados, verifica-se que o sabor e a forma das ostras cultivadas apresentam identidade territorial. É possível comercializar as ostras evidenciando essas peculiaridades, o que propicia a venda de mais ostras, pois cada prato tem um sabor diferente de acordo com a origem do produto. Assim, o cliente volta para experimentar cada um deles. Não mais se vende tudo do mesmo jeito, apenas como ostra: passamos a ter a ostra de Ponta Grossa, a de Iguape, a ostra do canal de Taperoá, a da baía de Camamu, a de Batateiras, etc. Mas continuam todas fortalecidas sendo ostras da Bahia, de cultivo familiar, ambientalmente sustentável, socialmente justo, com confiabilidade sanitária. Isso não só agrega valor à ostra no restaurante, fazendo o estabelecimento vender mais para o mesmo cliente, como também valoriza o turismo naquelas comunidades, incentivando a visita dos turistas, que se interessam em saber onde, como e por quem aquelas ostras que ele experimentou no restaurante são criadas. A mesma ostra gera renda ao produtor quando a vende ao restaurante; ao restaurante, que a vende com vários valores agregados; ao operador de turismo, que vende passeios turísticos; à comunidade, que vende serviços aos turistas; ao produtor novamente, que recebe visitantes, podendo vender mais ostras. Às vezes, até atividades locais podem ser otimizadas. Por exemplo, numa comunidade produtora de ostras no Baixo Sul foi verificado que uma antiga criação de porcos estava poluindo o estuário e contaminando com coliformes fecais os cultivos. Uma apresentação desse problema ao dono da pocilga pelos produtores de ostras, mediada por um diagnóstico participativo que apontava soluções simples para os efluentes dos porcos, foi suficiente para mudar a qualidade ambiental e garantir a qualidade sanitária das ostras da comunidade.

Apesar de muitos estudos em andamento, até o momento não há espécies nativas, além da ostra, com tecnologias de cultivo já desenvolvidas. Muito estudo ainda precisa ser realizado para que sejam aliados os conhecimentos de biologia, de cultivo, etnobiológicos e etnoecológicos às demandas e características culturais e sociais das comunidades pesqueiras.

O certo é que é preciso garantir preços que levem em conta a necessidade de manutenção dos estoques dos produtos pesqueiros, e não sua exaustão. Afinal, para garantir a manutenção da quantidade e da qualidade de um produto natural num mercado, o aumento de demanda deve gerar aumento de valor, e não da pressão sobre o estoque natural, o que levaria à redução da quantidade e à deterioração da qualidade. Mas isso só deve ser promovido em conjunto com uma ampla campanha educativa e a participação de produtores e de consumidores. É importante incentivar cultivos artesanais comunitários para agregar confiabilidade sanitária (foto 18). É fundamental garantir territórios pesqueiros tradicionais para a preservação das espécies e, com isso, da riqueza de produtos, da riqueza gastronômica e da qualidade de vida de pescadores e consumidores.

REFERÊNCIAS

ACCIOLY, M. da C. *et al*. *Sustentabilidade dos territórios pesqueiros tradicionais: riscos produzidos pela invisibilidade da pesca tradicional diante das políticas públicas*. Coleção Direito Ambiental. Vol. 3. Brasília: Embrapa. No prelo.

CECHIN, A. *A natureza como limite da economia: a contribuição de Nicholas Georgescu-Roegen*. São Paulo: Editora Senac São Paulo/Edusp, 2010.

DIEGUES, A. C. *A pesca construindo sociedades*. São Paulo: Nupaub/USP, 2004.

FREITAS, M. do C. S. de. "Manguezal: um lugar sagrado e ameaçado pela contaminação em Ilha de Maré". Em PENA, P. & MARTINS, V. (orgs.). *Sofrimento negligenciado: doenças do trabalho em marisqueiras e pescadores artesanais*. Salvador: Edufba, 2014.

INSTITUTO BRASILEIRO DE GEOGRAFIA E ESTATÍSTICA. *Censo 2010*. Disponível em http://censo2010.ibge.gov.br/. Acesso em 24-3-2016.

SILVA, M. A. R. da. "Economia dos recursos naturais". Em MAY, P. H.; LUSTOSA, M. C.; VINHA, V. da (orgs.). *Economia do meio ambiente: teoria e prática*. Rio de Janeiro: Elsevier, 2003.

SOUZA, L. A. de. *O urbanismo na interface do turismo: usos e apropriações especulativas do litoral da Bahia*. Tese de doutorado. Salvador: Programa de Pós--Graduação em Arquitetura e Urbanismo – UFBA, 2014.

VER HUELL, Q. M. R. *Minha primeira viagem marítima: 1807-1810*. Trad. Jan Maurício van Holthle. 2ª ed. Salvador: Edufba, 2009.

VINHAES, L. & ANDRADE, J. "Introdução". Em ANDRADE, J. *et al.* (orgs.). *Atlas da culinária na Baía de Todos os Santos*. Salvador: Edufba, 2013.

VIVIEN, F. D. *Economia e ecologia*. Trad. Virgilia Guariglia. São Paulo: Editora Senac São Paulo, 2011.

Aspectos nutricionais dos pescados e história de um pescador

Lílian Lessa Andrade, Tereza Cristina Braga Ferreira,
Ícaro Ribeiro Cazumbá da Silva e Lucélia Amorim da Silva

Os alimentos das águas chegam à mesa a partir da pesca artesanal, da produção em cativeiro e da pesca industrial. Na Bahia, com sua extensa zona costeira, característica geográfica marcante do estado, os peixes, crustáceos e moluscos são apreciados pela população, possibilitando o desenvolvimento de pratos típicos da culinária baiana e, com aspecto importante na subsistência local.

Os pescados englobam uma grande quantidade de espécies de peixes, mariscos, crustáceos, moluscos, anfíbios, quelônios e mamíferos de água doce ou salgada, bem como cefalópodes (polvo, lula e chocos) utilizados na alimentação humana ou na animal (Ministério da Agricultura, Pecuária e Abastecimento, 1997; Ministério do Meio Ambiente, 2009).

O termo marisco engloba os moluscos bivalves (sarnambis ou chumbinhos, rala-cocos, lambretas, ostras, sururus, mexilhões),[1] os gastrópodes (peguaris, burriés, búzios) e os crustáceos (camarões, lagostas, pitus,[2] siris, caranguejos), enquanto o termo quelônio engloba as tartarugas marinhas

---

1 Como são denominados popularmente na Bahia.
2 Camarão de água doce.

e de água doce e os cágados, de água doce (Santos, 2013). Estes últimos não se constituem atualmente em fonte alimentar usual, inclusive pela questão da preservação de espécies, muitas das quais passaram ou passam por risco de extinção. Os anfíbios são pouco utilizados na alimentação dos baianos, exceto as carnes de rã (em situações de alergias alimentares em substituição aos leites e extratos vegetais utilizados como fonte proteica) e de jia[3] (capturadas à beira de riachos e cozidas inteiras sem os órgãos internos, consumidas no interior da Bahia, provavelmente por se tratar de região com rios na proximidade ofertando tal alimento). Salientamos que a rã é uma iguaria na culinária francesa.

No estado da Bahia, segundo a Bahia Pesca (2015), as espécies de pescado marinho mais capturadas são o vermelho guaiuba (*Ocyurus chrysurus*), a tainha (*Mugil brasiliensis*), a sardinha (*Sardinella brasiliensis*), o camarão (*Penaeus brasiliensis*) e o ariacó (*Lutjanus synagris*).

O *Guia alimentar para a população brasileira* (Ministério da Saúde, 2014) reforça a relevância do consumo de peixes como importante fonte proteica, com baixo teor de gordura e alta proporção de gorduras saudáveis, um excelente substituto para outras carnes.

Considerando a importância nutricional do pescado e a carência de material científico sobre esse tema, este artigo propõe, de maneira simples, difundir informações de interesse da população, sob a perspectiva da nutrição, a partir da literatura disponível.

ESTRUTURA, COMPOSIÇÃO E CARACTERÍSTICAS DA CARNE DE PESCADO

Os pescados são considerados, de maneira geral, carnes brancas, junto às aves. Tal classificação tem sido utilizada como sinônimo de carne saudável em razão de características que são generalizadas (principalmente baixo

---

3   Como são denominadas as rãs no interior da Bahia.

teor de calorias e colesterol), nem sempre correspondendo a atributos promovidos pela cor da carne.

No que se refere à coloração, a sua diversificação nas espécies se deve à presença de vários pigmentos, tais como mioglobina, hemoglobina, bilinas, hemocianina, carotenoides, melaninas, etc. (Ogawa & Maia, 1999).

As cores branca e vermelha são conferidas principalmente pela mioglobina e, em menor proporção, pela hemoglobina. A mioglobina está envolvida nos processos respiratórios musculares, atuando como transportador temporário de oxigênio. Quando ligada ao oxigênio, forma a oximioglobina, de cor vermelha-clara, e quando se oxida forma a metamioglobina, de cor marrom. Quando não está ligada ao oxigênio, apresenta cor vermelho-púrpura escura (Ogawa & Maia, 1999; Barham, 2002).

O teor de mioglobina nos músculos está relacionado à necessidade de acúmulo de oxigênio para o movimento. As fibras rápidas, como as encontradas na maioria dos pescados, não necessitam de mioglobina, uma vez que sua atividade tem pequena duração, ainda que possa ser repetida muitas vezes (Barham, 2002).

O sistema locomotor dos peixes é altamente especializado e pode ser dividido em partes, conferindo diferentes fibras: branca, vermelha e rosa, essenciais para diversas velocidades e diversos tempos de locomoção, considerando ainda as adaptações dos peixes conforme as condições do meio em que vivem, relacionadas principalmente à temperatura e a adaptações para sobrevivência (Santos, 2007). O atum, por exemplo, é um peixe que apresenta carne escura e clara, portanto dispõe de fibras rápidas e lentas em distintas partes do corpo.

Os carotenoides também estão relacionados à coloração de alguns pescados, a exemplo da carne do salmão e da truta; da carapaça de crustáceos como lagostas, caranguejos e camarões; além das ovas de peixes e da pele dos peixes vermelhos. Considerando que os animais não sintetizam carotenoides, sua fonte é alimentar. A alimentação do salmão pode contribuir para intensificar a coloração natural, ainda que não melhore a qualidade nutricional, especialmente quando produzido em cativeiro. Dentre os carotenoides, a astaxantina *in natura*, combinada com proteína, produz cores que variam entre amarelo, vermelho, laranja, marrom, verde, azul, violeta e roxo, segundo Ogawa e Maia (1999).

Há também outros pigmentos, como melanina, que faz a cor da pele variar entre marrom e preto, alterando-se ainda de acordo com a combinação com carotenoides. A melanina também está presente nos olhos e no peritônio dos peixes e na glândula tinturosa de lulas e polvos. Guanina (base nitrogenada) e ácido úrico (produto da degradação da purina) também se fazem presentes na coloração de escamas e de olhos de peixes (Ogawa & Maia, 1999).

Observa-se que não há relação entre cor e teor de colesterol ou calorias. Os teores de colesterol disponíveis na literatura em relação a diversas espécies de pescados estão descritos nos quadros 1 e 2. Numa porção de 200 g,[4] peixes como lambari, robalo, cavala, cação, bem como as ovas dos peixes, apresentam mais que a quantidade diária máxima recomendada para ingestão de colesterol proveniente da alimentação – 300 mg (Organização Mundial da Saúde, 2003). Camarão, mexilhão, lula e caranguejo, se considerada uma porção de 200 g, também excedem o máximo diário de ingestão de colesterol alimentar. A consideração sobre maior teor de colesterol é aplicável para animais que apresentam tanto carne escura quanto clara, sendo o tecido escuro característico de maior teor de colesterol que o branco, por possuir maior proporção de lipídeos (Ogawa & Maia, 1999). Ainda que haja essa correlação, não se deve generalizar a relação entre teor de colesterol e a cor da carne, pois nem toda carne branca é sinônimo de baixo teor de colesterol.

---

4   Porção usual de pescado.

Aspectos nutricionais dos pescados e história de um pescador

QUADRO 1. PESCADOS COM MAIOR TEOR DE COLESTEROL

Nome	Quantidade (g)	Proteína (g)	Carboidrato (g)	Lipídeos (g)	Colesterol (mg)	Calorias	Fonte
Ovas de salmão	100	32,6	0,2	15,6	480	272	Philippi, 2013
Ovas de peixe, várias espécies	100	22,32	1,5	6,42	374	143	Unifesp, 2001
Caranguejo	100	16,1	0,6	1,6	270	81	Franco, 1999
Rei	100	18	0	2	254	90	Franco, 1999
Cação	100	24,32	0	0,17	250	99,5	Franco, 1999
Lula, várias espécies	100	15,58	3,08	1,38	233	92	Unifesp, 2001
Lula	100	15,53	3,06	1,41	232,98	91,78	Philippi, 2013
Mexilhão	100	14,4	4,5	2,3	214	96	Franco, 1999
Camarão	100	20,91	*	1,08	195	99	IBGE, 2011
Cavala	100	18,7	0	7,1	170	138,7	Franco, 1999

* Informação não disponível na referência.

Por outro lado, ao analisar pescados com baixo teor de colesterol, a literatura apresenta o peixe merluza como o de menor teor.

QUADRO 2. PESCADOS COM MENOR TEOR DE COLESTEROL

Nome	Quantidade (g)	Proteína (g)	Carboidrato (g)	Lipídeos (g)	Colesterol (mg)	Calorias	Fonte
Merluza	100	14,2	0	16,01	13	200	Franco, 1999
Arenque	100	19	0	6,7	21	136	Franco, 1999
Vieira	100	12,06	3,18	0,49	24	69	Unifesp, 2001
Mexilhão azul	100	11,9	3,69	2,24	28	86	Unifesp, 2001
Mexilhão	100	11,9	3,7	2,25	28	86	Philippi, 2013
Marisco, várias espécies	100	14,67	3,57	0,96	30	86	Unifesp, 2001
Abadejo em filé (congelado)	100	13,1	0	0,4	31	59	Philippi, 2013 Nepa/ Unicamp, 2011

Sobre a estrutura da carne, a quantidade e o tipo de tecido muscular e conectivo, bem como a gordura, conferem à carne de pescado características específicas de textura e modificações com os processos de cocção.

Dentre as variáveis que interferem na composição química do pescado, destacam-se como significativas a espécie, a idade e o estado fisiológico, bem como a época e a região da captura. Esses aspectos modificam, entre outros, o percentual de água, que é definitivo na composição da estrutura corporal.

Considerando o teor de gordura, os peixes são classificados em magros, meio ou semigordos e gordos. Há divergência entre autores no que diz respeito aos percentuais estabelecidos para essa classificação, mas, para este trabalho, serão considerados os valores descritos por Montebello e Araújo (2006):

- peixes magros, com até 2% de gordura: cação (0,17%), bacalhau (0,20%), robalo (0,3%), pescada (1,3%) e outros;
- peixes meio ou semigordos, entre 2% a 8,5% de gordura: cavala (6,3%), pescadinha (6,2%), sardinha (5,4%), olho-de-boi (5,24%) e outros;
- peixes gordos, com mais de 8,5% de gordura: acari (22%), merluza (16%), bagre (11,4%), tainha (8,96%) e outros.

Nos quadros 3 e 4 são apresentados pescados com altos e baixos teores de lipídeos, disponíveis em tabelas de composição química (IBGE, 2011; Nepa/Unicamp, 2011; Unifesp, 2001; Philippi, 2013; Franco, 1999).

Destaca-se que algumas espécies possuem altos teores em ácidos graxos poli-insaturados, principalmente o ômega-3, com destaque para o ácido docosahexaenoico (DHA, C22:6) e o eicosapentaenoico (EPA, C20:5), que atuam reduzindo os níveis de triglicerídeos e de LDL colesterol no homem, respectivamente, diminuindo os riscos de ocorrência de problemas cardiovasculares, como aterosclerose e infarto (Nóbrega *et al.*, 2013).

A presença de ácidos graxos de cadeia longa e de lipídeos não glicerídeos garante ao pescado que seus lipídeos mantenham-se líquidos a baixas temperaturas. Nos peixes marinhos, o teor de ácidos graxos insaturados de cadeia longa da família ômega-3 é superior ao dos pescados de água doce (Ogawa & Maia, 1999).

Uma curiosidade é que os lipídeos presentes na carne dos pescados influem inversamente em sua conservação. Quanto mais alta a composição de lipídeos, mais fácil será a deterioração do pescado, por causa de reações de oxidação. Assim, os pescados de carne vermelha, em sua maioria migrantes, tendem a se deteriorar mais rapidamente, pois são as espécies que apresentam o maior teor de lipídeos nos músculos, diferindo dos pescados de carne branca (maioria não migrantes), que apresentam teores de gordura inferiores a 1% (Santos, 2013).

QUADRO 3. PESCADOS COM MAIOR TEOR DE LIPÍDEOS

Nome	Quantidade (g)	Proteína (g)	Carboidrato (g)	Lipídeos (g)	Colesterol (mg)	Calorias	Fonte
Acari	100	18,2	0	22	*	98	Franco, 1999
Merluza	100	14,2	0	16,01	13	200	Franco, 1999
Ovas de salmão	100	32,6	0,2	15,6	480	272	Philippi, 2013
Cavala – oceano Atlântico	100	18,6	0	13,89	70	205	Unifesp, 2001

* Informação não disponível na referência.

QUADRO 4. PESCADOS COM MENOR TEOR DE LIPÍDEOS

Nome	Quantidade (g)	Proteína (g)	Carboidrato (g)	Lipídeos (g)	Colesterol (mg)	Calorias	Fonte
Cação	100	24,32	0	0,17	250	99,5	Franco, 1999
Bacalhau	100	18	0	0,2	38,6	73,8	Franco, 1999
Robalo	100	17,2	0	0,3	164	72	Franco, 1999
Bacalhau sem espinhas	100	24,9	0	0,3	*	94	Franco, 1999

* Informação não disponível na referência.

O arranjo muscular dos peixes é diferente do de mamíferos, em virtude do trabalho e da força exercida por essas espécies para seu deslocamento, sendo composto por fibras musculares curtas. Nos moluscos, há proteínas específicas, responsáveis pelo seu movimento e pelo fechamento das conchas, quando é o caso (Soares, 2012; Barham, 2002; Ogawa & Maia, 1999).

O tamanho das fibras musculares dos peixes contribui positivamente para a maciez. Características como idade, teor de gordura, movimentação, etc. também interferem na maciez da carne.

Em decorrência da quantidade mínima de tecido conjuntivo, os peixes têm alta digestibilidade, cuja relação com o teor de gordura apresenta-se inversamente, ou seja, os peixes considerados magros são os mais digeríveis. No entanto, eles contêm quantidade significativa de fósforo e de iodo (peixes de mar), pouco cálcio e ferro. Nos peixes com teores de gordura acima de 15%, são encontrados níveis elevados de vitaminas A e D na musculatura (carne); nos demais, a concentração é sempre elevada no fígado. Apesar de a carne conter quantidades apreciáveis de vitamina B1, apenas nos peixes muito frescos é possível aproveitá-la, pois a tiaminase, presente na musculatura, separa rapidamente a B1 em piridina e em tiazol (Lederle, 1991). Não há diferença entre o teor de sódio dos peixes do mar e dos rios.

O tecido conjuntivo do pescado degrada-se mais rapidamente durante a cocção, uma vez que é mais tênue e fácil de romper que o dos mamíferos e aves, além de ser encontrado em menor proporção (Ordóñez *et al.*, 2005; Ogawa & Maia, 1999).

O teor proteico das diferentes espécies de peixes varia de 13% a 29% (quadros 5 e 6). O pirarucu salgado é a espécie com maior percentual de proteína em 100 g do alimento. A tainha, a sardinha e o baiacu também apresentam valores proteicos consideráveis: 22,87%, 21,1% e 20,2%, respectivamente (Philippi, 2002; Franco, 1999).

Ainda com relação ao teor de proteínas dos pescados, podemos ressaltar a alta digestibilidade e o balanceamento de aminoácidos essenciais, em especial a lisina e o triptofano, podendo as concentrações variarem em relação ao tamanho do pescado, ao sexo, à época do ano e à espécie, com variações em torno de 15% a 20% (Andrade, Bispo e Druzian, 2009; Santos, 2013).

QUADRO 5. PESCADOS COM MAIOR TEOR DE PROTEÍNA

Nome	Quantidade (g)	Proteína (g)	Carboidrato (g)	Lipídeos (g)	Colesterol (mg)	Calorias	Fonte
Pirarucu salgado	100	38,2	0	9,8	*	251	Franco, 1999
Ovas de salmão	100	32,6	0,2	15,6	480	272	Philippi, 2013
Bacalhau cru	100	29	0	1,3	139	136	Philippi, 2013
Bacalhau salgado	100	29	0	1,3	139	136	Nepa/ Unicamp, 2011

* Informação não disponível na referência.

QUADRO 6. PESCADOS COM MENOR TEOR DE PROTEÍNA

Nome	Quantidade (g)	Proteína (g)	Carboidrato (g)	Lipídeos (g)	Colesterol (mg)	Calorias	Fonte
Camarão grande, Rio Grande	100	10	0	0,5	124	47	Nepa/ Unicamp, 2011
Ostra – oceano Pacífico	100	9,45	4,95	2,3	50	81	Unifesp, 2001
Ostra	100	7,06	3,92	2,47	53	68	Philippi, 2013
Ostra – Atlântico selvagem	100	5,71	2,72	1,71	40	51	Unifesp, 2011

O alto teor de nutrientes do pescado, aliado ao pH próximo à neutralidade e à elevada atividade de água nos tecidos, torna-o um dos produtos de origem animal mais suscetíveis à deterioração, que pode ser definida como alterações inaceitáveis que ocorrem no músculo pós-morte, originando produtos com sabores e odores desagradáveis (Monteiro, Mársico e Vital, 2010). Essas alterações acontecem independentemente da forma como o produto é manipulado, contudo a velocidade com que elas se instalam pode ser reduzida, até uma certa extensão, pela adoção de procedimentos técnicos específicos, de modo a prolongar o grau de frescor (Leitão, 1994). Segundo Anacleto *et al.* (2011), a qualidade do pescado diminui em decorrência de um processo complexo no qual estão implicados eventos físicos, químicos e microbiológicos de deterioração.

Ressalta-se ainda que os pescados possuem em sua constituição diversos minerais, como o cobre, o manganês, o magnésio e o zinco, tendo algumas espécies teores considerados elevados em comparação com as demais. Podem ser encontradas ainda, nos pescados, algumas vitaminas lipossolúveis, como as vitaminas A e D, bem como vitaminas do complexo B, hidrossolúveis (Ogawa & Maia, 1999).

Apesar da valiosa contribuição nutricional do pescado, ainda há um consumo pouco considerável pela população brasileira, justificado pela pequena oferta de peixes, mesmo o país tendo uma enorme costa marítima, e pelos preços elevados, conforme cita o *Guia alimentar para a população brasileira* (Ministério da Saúde, 2014).

HISTÓRIA DE UM PESCADOR PELO INTERIOR DA BAHIA...

Antonio Andrade Santos, comerciário aposentado, nasceu nos anos 1930 em Itiruçu, pequeno município do interior da Bahia. Iniciou seu trabalho em mercearia aos 13 anos de idade e viveu alguns anos em São Paulo e no Rio de Janeiro no início da sua vida adulta. Quando contava 25 anos de idade, retornou à Bahia e foi morar em Jequié, no sudoeste do estado, passando a comercializar produtos por outras cidades do interior. Abriu e gerenciou livraria, distribuindo coleções por meio de vendedores com carro pelo interior baiano. Após se aposentar, continuou trabalhando como vendedor em Salvador. Hoje com 85 anos de idade, lúcido e dotado de boa memória, conta para mim, sua filha,[5] um pouco das experiências que teve como pescador amador, uma das suas muitas vivências nessa longa vida. Registro a seguir parte da conversa que tive com ele, na qual descreveu como aproveitava alguns finais de semana e feriados para pescar em rios e lagoas com um grupo de amigos (os mais constantes eram Zé Flávio, Raimundo e Lourival) ou com a família (esposa Lêda e duas filhas mais velhas, Lêda Filha e Luciene).

Como a caçula de quatro filhas, recordo-me da chegada daqueles homens com as roupas sujas de terra e cheiro forte de peixe, e, no fundo do carro (Rural ou Kombi), peixes e petrechos de pesca (tarrafa, varas com anzol e rede). Ali mesmo, na garagem da nossa casa, os peixes eram divididos entre os amigos, que sempre chegavam satisfeitos e animados com os resultados da pescaria. Quando havia fartura, era com prazer que se presenteavam também os vizinhos com os peixes recém-pescados.

Nas proximidades de Jequié havia muitos rios e lagoas em fazendas de conhecidos que lhes autorizavam a pesca. Os quatro amigos juntavam seus materiais de pesca, alimentação e utensílios para acampamento e seguiam para aventuras durante os dias de pescaria. Dentre os locais, pescavam no rio Paraguaçu, perto de Itaitê, Itaberaba, Iaçu; em lagoas localizadas em fazendas de conhecidos e também em represas e lagoas encontradas nos arredores de Jequié, além da barragem de Pedras. Quando se tratava de localidades mais próximas, não era necessário pernoitar no local.

Pescavam por diversão e utilizavam os peixes para alimentação do grupo. O horário preferido era ao entardecer, e quando jogavam a tarrafa era certo que haveria peixe para comer. Para conservar os peixes até levá-los de volta para casa ou até o dia seguinte, eles os colocavam em sacos de material de construção com a boca amarrada dentro do rio.

---

5   Lílian Lessa Andrade, uma das autoras do capítulo.

A pesca no rio é diferente da pesca na lagoa. No rio, eles procuravam locais onde a correnteza fosse mais fraca e usavam uma estratégia diferente para pescar o tucunaré, que é um peixe carnívoro. Antonio descreve:

> A pesca de rio nos tornava os dias muito agradáveis. Nós pegávamos as piabas, colocávamos num pote de barro para elas não morrerem e colocávamos um anzolzinho no dorso da piaba. Assim que ela começava a nadar, o peixe pegava ela para comer e assim estava feita a nossa pescaria... (Andrade, 2015)

Essa era a pescaria menos frequente, pois preferiam a tranquilidade das lagoas, onde se divertiam pescando, comendo e bebendo arranchados embaixo de pontes ou nos próprios carros. As piabas eram pescadas em lagoas próximas ao rio e conservadas em vasilhames de barro porque recipientes de metal aqueciam rapidamente a água e os peixinhos não resistiam.

Nos locais da pescaria, à noite, armavam a rede denominada "três malhos", com 30 m de comprimento e 3 m de altura, com boias na parte superior. Retiravam-na pela manhã, festejando quando não se viam as boias, pois sabiam que os peixes estavam lá, forçando a rede para baixo. Era só suspender a rede com cuidado e retirá-los.

Conta que, para o preparo dos peixes, era atribuição de todos tratar e temperar:

> ... um ia buscar a lenha para acender o fogo, dois iam jogar a tarrafa para pegar o peixe que fazia a moqueca... Você sabendo jogar a tarrafa no açude nunca perde... Quando pegávamos peixe em torno de 2 quilos já dava para fazer a moqueca da noite e sobrava. Então limpava os peixes, colocava uma camada de tempero, uma camada de peixe, uma camada de tempero, uma camada de peixe até chegar o ponto mais alto; colocava o dendê e o leite de coco e botava no fogo. Daí a pouco o bichinho vai fervendo, vai ficando *chic*. Quando aquilo está no ponto é só tirar, virar um pouco o caldeirão para tirar o caldo para fazer o pirão – não com a água muito quente, para não escaldar demais a farinha. Aí nós íamos passar bem... (Andrade, 2015)

Nesse movimento entre amigos, dividiam as tarefas, e a diversão era garantida. Comeriam o que encontrassem, dormiriam onde pudessem, e essa simplicidade propiciava momentos importantes de lazer para todos os envolvidos, fortalecendo laços de amizade. A satisfação com que relata sua experiência com a pesca, os mergulhos nos rios e lagoas e a convivência com os amigos enriquece as suas lembranças.

Quando a pescaria era em família, viajava uns 80 quilômetros com a mulher e as filhas, que se arranchavam embaixo de uma ponte, e, assim que chegavam, ele jogava a tarrafa e pegava peixe para a moqueca da noite. Num ambiente de festa, faziam fogo do chão para cozinhar o peixe e espantar cobras e outros animais que pudessem se aproximar ao escurecer. Quando necessário, usavam a luz do farol do carro para iluminar, até o momento em que se organizavam para dormir.

> ... eu com uma tarrafa, jogava a tarrafa no rio e com certeza pegávamos peixe para fazer a moqueca da noite. Era um ambiente de muita festa... Aí, depois de nós bem alimentados, todos íamos dormir debaixo da ponte, e às vezes uns carros nos incomodavam, quando passavam por cima da ponte. Assim que o dia amanheceu, nós vamos fazer a mesma pescaria para pegar os peixes que vamos levar para casa. Era uma festa muito bonita, todos ficavam assim muito cansados, mas, quando é daí a vinte dias, que nós inventávamos outra pescaria dessa, ninguém queria ficar em casa, pois nós estávamos em contato com a natureza e era muito divertido pegar os peixes... a função da mulher e das filhas era me acompanhar, porque, quando eu jogava a tarrafa que pegava o peixe, a felicidade delas era tirar o peixe da tarrafa. (Andrade, 2015)

Na companhia dele (Antonio), todos os momentos eram (e continuam sendo) significativos; pescar, tomar banho de rio, fazer parte de todas as etapas da pescaria e comer os peixes fresquinhos – tudo é festa!

Falando sobre os rios na atualidade, lamenta quando viaja de carro e vê rios anteriormente caudalosos secando pela falta da mata ciliar e pela poluição humana, assim como a redução dos peixes pela pesca predatória: "Nós pescávamos não assim na depredação, pescávamos assim no sentido de diversão".

Além dos peixes, havia as rãs – que em alguns lugares da região Nordeste são denominadas jias –, as quais eram consumidas nesses momentos de pescaria. Não havia comercialização desses animais na cidade. Pela lembrança de Antonio, apenas em São Paulo (capital), onde morou um período da vida, havia rãs comercializadas nas vitrinas, como salientou em uma das conversas. Para eles, essa era mais uma experiência que só acontecia naqueles momentos e que lhes era muito aprazível:

> ... tinha algumas jias que ficavam cantando assim "hou, hou, hou". À medida que elas vão cantando, vai soltando aquela espuma branca; então Zé Flávio, que era o mestre da jia, ele saía com uma lanterna. Onde ele via aquela espuma branca, ele com uma lanterna iluminava, que aquilo parece que anestesia a jia. Ele com um espeto de ferro vai puxando a espuma e espeta a jia... pegou uma, pegou duas, pegou três, aí, pronto, traz para onde estamos arranchados. Aí agora a gente corta a cabeça dela assim, na altura dos olhos, tira o couro... corta ela em pedaços; deixa no limão até o dia amanhecer. Aí quando o dia amanhece a gente já tem um pitéu para fazer um tipo de comida... tem gosto de peixe. (Andrade, 2015)

Descreve a sua experiência como se houvesse ocorrido ontem, tamanhas são a lucidez e a riqueza de detalhes impressas em sua fala. A jia comparece como um alimento específico dessas experiências de pescaria, não havendo recordação de seu consumo em casa, na cidade. Diversamente da culinária francesa, em que a carne de rã é uma iguaria, no interior da Bahia era consumida apenas em algumas ocasiões.

As águas de comer, seja no interior, seja na capital, nos rios, lagos ou mar, oferecem-nos alimento para o corpo e para a alma, numa festa de integração com a natureza, amigos e família.

REFERÊNCIAS

ANACLETO, P. *et al.* "Shelf-life of cooked edible crab (*Cancer pagurus*) stored under refrigerated conditions". Em *LWT – Food Science and Technology*, vol. 44, 2011.

ANDRADE, G. Q.; BISPO, E. S.; DRUZIAN, J. I. "Avaliação da qualidade nutricional em espécies de pescado mais produzidas no estado da Bahia". Em *Ciências e Tecnologia de Alimentos*, 29 (4), Campinas, out.-dez. de 2009.

ANDRADE, L. L. Entrevista com Antonio Andrade Santos. Salvador, 2015.

BAHIA PESCA. *Boletim estatístico da pesca marítima e estuarina*. Salvador: Bahia Pesca, 2015.

BARHAM, P. *A ciência da culinária*. São Paulo: Roca, 2002.

FRANCO, G. *Tabela de composição química dos alimentos*. 9ª ed. Rio de Janeiro: Atheneu, 1999.

INSTITUTO BRASILEIRO DE GEOGRAFIA E ESTATÍSTICA. *Pesquisa de orçamentos familiares 2008-2009: tabelas de composição nutricional dos alimentos consumidos no Brasil*. Rio de Janeiro: IBGE, 2011. Disponível em http://biblioteca.ibge.gov.br/visualizacao/livros/liv50002.pdf. Acesso em 25-7-2015.

LEDERLE, J. *Enciclopédia moderna de higiene alimentar*. São Paulo: Manole Dois, 1991.

LEITÃO, M. F. F. "Deterioração microbiana do pescado e sua importância em saúde pública". Em *Higiene Alimentar*, 3 (3/4), São Paulo, 1994.

MINISTÉRIO DA AGRICULTURA, PECUÁRIA E ABASTECIMENTO. "Inspeção de pescado e derivados". Em *Regulamento da Inspeção Industrial e Sanitária de Produtos de Origem Animal*. Brasília: Ministério da Agricultura, 1997.

MINISTÉRIO DA SAÚDE/Secretaria de Atenção à Saúde/Departamento de Atenção Básica. *Guia alimentar para a população brasileira*. 2ª ed. Brasília: Ministério da Saúde, 2014.

MINISTÉRIO DO MEIO AMBIENTE/Centro de Pesquisa e Gestão de Recursos Pesqueiros do Litoral Nordeste. *Caracterização da pesca no estado da Bahia*. Brasília: MMA, 2009.

MONTEBELLO, N. P. & ARAÚJO, W. M. C. *Carne e cia*. Brasília: Editora Senac Distrito Federal, 2006.

MONTEIRO, M. L. G.; MÁRSICO, E. T.; VITAL, H. C. "Avaliação físico-química dos efeitos da irradiação e da evisceração na conservação de atum (*Thunnus atlanticus*) refrigerado". Em *Revista Portuguesa de Ciências Veterinárias*, vol. 109, 2010.

NÓBREGA, G. S. *et al.* "Formação para marisqueiras em segurança de alimentos e saúde do trabalhador: uma experiência na comunidade de Ilha do Paty, Bahia, Brasil". Em *Ciência & Saúde Coletiva*, 19 (5), Rio de Janeiro, 2013.

NÚCLEO DE ESTUDOS E PESQUISAS EM ALIMENTAÇÃO/Universidade Estadual de Campinas. *Taco – Tabela Brasileira de Composição de Alimentos.* Campinas: Nepa/Unicamp, 2011. Disponível em http://www.unicamp.br/nepa/taco/tabela.php?ativo=tabela. Acesso em 25-7-2015.

OGAWA, M. & MAIA, E. L. *Manual da pesca: ciência e tecnologia do pescado.* Vol. 1. São Paulo: Varela, 1999.

ORDÓÑEZ, J. A. *et al. Tecnologia de alimentos: alimentos de origem animal.* Vol. 2. Porto Alegre: Artmed, 2005.

ORGANIZAÇÃO MUNDIAL DA SAÚDE. "Diet nutrition and the prevention of chronic diseases: report of a joint WHO/FAO expert consultation". Em *WHO Technical Report Series*, nº 916, Genebra, 2003.

PHILIPPI, S. T. *Tabela de composição química dos alimentos: suporte para decisão nutricional.* 4ª ed. Barueri: Manole, 2013.

SANTOS, M. D. F. *A pesca artesanal e a qualidade de pescados recém-capturados em comunidades de São Francisco do Conde-BA.* Dissertação de mestrado. Salvador: UFBA, 2013.

SANTOS, V. B. "Aspectos morfológicos da musculatura lateral dos peixes". Em *Boletim do Instituto de Pesca.* São Paulo, 33 (1), 2007.

SOARES, K. M. de P. *Método do índice de qualidade (MIQ) na estimativa da vida útil da tilápia do Nilo* (Oreochromis niloticus*), nas formas inteira, eviscerada e em filé, armazenada em gelo.* Dissertação de mestrado. Mossoró: Universidade Federal Rural do Semi-Árido, 2012.

UNIVERSIDADE FEDERAL DE SÃO PAULO. *Tabela de composição química dos alimentos*, 2001. Disponível em http://www.dis.epm.br/servicos/nutri/public/. Acesso em 25-7-2015.

Dos saberes aos sabores na pesca tradicional de Velha Boipeba

Jussara Cristina Vasconcelos Rêgo

> *... já é tempo de nos tornarmos modestos e nos aproximarmos daqueles que devem se beneficiar com nossas ideias como ignorantes que carecem de instrução.*
>
> Paul K. Feyerabend, *Adeus à razão*

Esta é minha homenagem, in memoriam, *a seu Bertinho, seu Celso, seu Roque, seu Mimi e Mestre Paulo. Eternos mestres de Velha Boipeba.*

Saborear uma deliciosa iguaria da culinária baiana, elaborada com peixes, moluscos ou crustáceos encontrados neste vasto e diverso litoral, é uma sensação gastronômica indescritível. Essa experiência pode se tornar muito mais prazerosa e valorizada se conhecermos e vivenciarmos um pouco da cultura local tradicional e todo o corpo de conhecimentos associados às prática da pesca e da mariscagem desenvolvidas ao longo da costa litorânea por uma parte da população que é responsável pela coleta desses mariscos.

O saber fazer da pesca artesanal traz um toque mágico a essa arte que nos alimenta, que se reproduz socialmente e, com isso, tem sua parcela de contribuição na reprodução da diversidade responsável pela manutenção da vida no nosso planeta.

Quero aqui trazer o que pude conhecer na década de 1990, quando tive a oportunidade de viver um pouco da cultura da pesca em Velha Boipeba, vila de pescadores localizada na ilha de Boipeba, integrante da Área de Proteção Ambiental Tinharé-Boipeba. Essa área, situada no município de Cairu, litoral da região do Baixo Sul da Bahia, dentro de uma das mais belas manchas de manguezal do estado, é circundada por complexos estuarinos e praias com extensos recifes de coral, o que lhe confere beleza singular e grande diversidade de pescados e mariscos.

À época, estudante do curso de Ciências Biológicas da Universidade Federal da Bahia (UFBA), movida pela então recente – e que se tornou duradoura – paixão pela cultura pesqueira artesanal e tradicional, fiz uma imersão no cotidiano da vila de Velha Boipeba justamente para compreender um pouco do conhecimento ecológico dos pescadores na sua lida diária, fazendo alguns paralelos com as referências dadas pelo conhecimento acadêmico. Logo no primeiro contato com pescadores comerciantes, ainda no cais de Valença, pude compreender como era singular a forma de viver e pensar o universo marítimo: ao estar diante de uma grande variedade de camarão à venda, perguntei sobre as diferenças que havia entre eles e obtive a resposta de que o camarão-pistola tinha mais "peixe", mas que o "peixe" do camarão tanha era mais gostoso... Com a continuidade da pesquisa, fui mais esclarecida e pude compreender que, para o universo dos pescadores de Velha Boipeba, ao menos àquela época, o que está no mar é marisco; se é pescado para comer pode ser o peixe (animal) ou marisco (crustáceos e moluscos, geralmente); mas a parte que comemos mesmo é o "peixe".

Disso resultou uma monografia de final de curso intitulada *Etnoecologia dos pescadores de Velha Boipeba: do costero à berada*, que pretendeu compreender a arte da pesca em Boipeba, desde aquela praticada na costa – o "costero" – até a de águas mais profundas, após o talude da plataforma continental – a "berada". E agora passo a compartilhar aqui algumas de suas partes,[1] principalmente aquelas relacionadas ao conhecimento dos ambientes, às artes e técnicas de pesca, aos pescados e seus hábitos e a questões referentes às técnicas de orientação espacial.

Inicialmente, é importante fazermos uma pequena contextualização e avaliação crítica do modelo de apropriação da natureza inerente à nossa sociedade industrial e da exigência cada vez maior de técnicas produtivas aliadas ao crescimento demográfico mundial, num paralelo com aquele intrínseco às comunidades tradicionais, como é o caso das comunidades pesqueiras artesanais.

Vivemos atualmente uma crise ecológica global caracterizada pela perda de solos e recursos hídricos, pela destruição de ecossistemas e pela destruição da biodiversidade, sobretudo por redução de hábitats. Além disso, a sociedade moderna[2] coloca em oposição o homem e seu ambiente na medida em que reduz a natureza à condição de recurso natural apenas e contrapõe os homens uns aos outros por meio de sua redução a mero recurso humano. A natureza perde para o homem o sentido de condição necessária de sua existência humana ao ser vista como um mundo exterior que não é mais que uma fonte de recursos.

Para Odum (1983), um autor clássico da ecologia, os avanços tecnológicos produzem nos homens a falsa impressão de que se tornam cada vez mais independentes do ambiente natural na satisfação de suas necessidades diárias, de modo que eles podem esquecer que sua dependência em relação à natureza nunca será suprimida. Os benefícios trazidos para os indivíduos por esses avanços encobrem os benefícios que a natureza traz para toda a sociedade.

As comunidades tradicionais estão, de um modo geral, alienadas do desenvolvimento tecnológico que caracteriza as sociedades urbano-indus-

---

1   Ressalto que o texto foi escrito em 1994. Como os trechos estão sendo transcritos na íntegra para preservar sua autenticidade, não foram feitas revisões da classificação biológica das espécies referidas. Dessa forma, muitas delas podem ter tido sua classificação alterada e, portanto, sua denominação científica modificada.

2   Falamos aqui de sociedade moderna industrial em oposição às populações tradicionais.

triais. Entretanto, não existem evidências de que o progresso rumo ao nosso modelo de sociedade seja o caminho adequado para a melhoria da condição de vida nessas comunidades. E, conforme analisa Paul Feyerabend,

> as sociedades que se tinham desenvolvido através de um longo processo de adaptação se encontram melhor preparadas para enfrentar os problemas do que os intelectuais que têm à sua disposição teorias e equipamentos mais avançados. (Feyerabend, 1987, p. 12)

Elas mantêm-se mais próximas da natureza do que as sociedades urbano-industriais, em que se observa, de modo irônico, uma busca crescente de uma reaproximação a uma espécie de "existência natural". Essa proximidade se reflete no modo de apropriação dos recursos naturais daquelas comunidades, que, em geral, trazem consigo uma sustentabilidade ecológica. E, como diz Heyneman (1984, p. 6), "a essência das sociedades indígenas pré-industriais reside na sua variedade e adaptação local. Cada uma encontra-se ligada a um hábitat específico e desenvolveu a sua própria expressão cultural e comportamental".

Falar de comunidades tradicionais pesqueiras é falar de riqueza e beleza associadas a muito conhecimento acumulado e reproduzido ao longo das gerações. É falar de diversidade cultural, que está relacionada com diversidade dos ecossistemas, e das restrições que as condições ambientais específicas impõem a cada comunidade para seus modos de apropriação da natureza. O conhecimento empírico ou a ciência do concreto, como escreveu Lévi-Strauss, e suas elaborações simbólicas mais complexas não podem ser dissociados do ambiente que os envolve e ao qual eles devem se adaptar.

A dificuldade enfrentada por essas comunidades diante do crescimento populacional global e da consequente especulação imobiliária crescente é a perda dos espaços e territórios de pesca. Com isso, perde-se também a sua garantia de produção e reprodução social.

Assim, temos a certeza de que a preservação da cultura e da organização social das comunidades tradicionais parece ser a melhor maneira de beneficiar sua condição de vida, pois a interferência de valores do meio urbano tem, de um modo geral, contribuído para a destruição dessas sociedades e do meio ambiente em que vivem. Por esse motivo, compreendemos que o registro e o resgate de técnicas e conhecimentos da arte de pescar que nos brinda com as delícias da nossa culinária possam resgatar também a identidade e a possibilidade de reprodução social das comunidades pesqueiras tradicionais.

A prática da pesca artesanal, realizada ainda hoje em Velha Boipeba – em baixa escala, porém –, requer dos pescadores conhecimento etnoecológico (objeto de estudo da etnoecologia[3]), que possibilita a utilização dos recursos pesqueiros e, com o corpo de conhecimentos (*corpus*) diretamente relacionado com a prática produtiva (*práxis*), garante também a sustentabilidade ecológica dessa prática. Nas palavras dos mestres de pesca e artesãos locais, alguns deles que já partiram para outro plano, podemos compreender um pouco dessa sabedoria que aqui é descrita.

ETNO-ORIENTAÇÃO

A percepção do ambiente pelos pescadores é, talvez, o fator primordial do conhecimento etnoecológico para a condição de peritos exploradores dos recursos naturais. A exploração do espaço está fundamentada em um mapeamento mental próprio dos pescadores.

A área na qual se processa a atividade pesqueira da região, que se estende desde a linha da costa até os limites da plataforma continental, apresenta um relevo oceânico acidentado e variado, onde se podem

---

3   A etnoecologia estuda "as concepções, percepções e conhecimentos sobre a natureza que permitem às sociedades rurais produzir e reproduzir as condições materiais e espirituais de sua existência social através de um manejo adequado de seus recursos naturais ou ecossistemas" (Toledo, 1990, p. 24).

encontrar regiões de baixios (que provavelmente correspondem a alguns pesqueiros), recifes de coral ("arrecifes"/"pedras") e bancos de areia.

Essa estrutura conhecida e mentalmente mapeada pela população possui dois componentes: um móvel, representado pelos bancos de areia da linha da costa, e um fixo, representado pela via de acesso ao oceano e pelos pesqueiros, os quais são marcados de diversas formas.

Os bancos de areia próximos à linha da costa apresentam mobilidade, dependendo do período do ano, da maré e dos ventos. Conforme conta seu Bertinho:

> [...] todo ano, na mesma época, esse banco de areia tá assim; a maré tira a areia do lado do Pontal do lugar. Quando o banco tá unido ao Pontal, a maré vai tirando a areia e botando pro lado de Boipeba. Fica quatro a cinco meses num mesmo lugar. Depende da maré: no inverno a maré puxa pro norte; no verão, pro sul. (Rêgo, 1993)

Em particular, o movimento dos bancos de areia localizados no canal de acesso a Velha Boipeba por entre os recifes que a cercam requer dos pescadores uma atenção especial quando retornam após alguns dias no mar, segundo seu Osvaldo.

> É o seguinte: se eu passei uma temporada fora, se eu venho de barco e a maré tá baixa, aí eu fico dando várias voltas para ver onde é que o mar rasga mais; o mar vem quebrar e [...] aquele lugar onde ele fica quebrando, quebrando, quebrando, aquele lugar tá muito baixo; aí tem que observar tudo isso pra poder entrar. Uma vez, da noite pro dia, mudou de lugar (o banco); às vezes demora três, quatro, cinco ou seis dias, mas às vezes, de uma hora pra outra, um dia muda. (Rêgo, 1993)

A orientação e a marcação, baseadas no conhecimento empírico, dispensam o uso de bússolas e GPSs, sendo feitas mediante observação de elementos fixos em terra, ou pelo próprio movimento do mar, ou ainda pelas estrelas. "Pra sair na barra,[4] a gente vai olhando pro morro das Pitangueiras. Quando ele some atrás da ponta, pode passar", explica Elísio.

De maneira similar ao processo de orientação para a saída da barra, são feitas as marcações dos pesqueiros. Inicialmente, toma-se uma direção conhecida; com o tempo médio de viagem (também já conhecido), passa-se à observação das marcas de terra: faz-se um triângulo imaginário, em que dois vértices estão em terra e o terceiro corresponde ao próprio barco, e, desse modo, no momento em que as marcas chegam na posição, eles se encontram no pesqueiro. Cada vértice de terra é representado por um ponto de encontro de duas marcas preestabelecidas[5] que se sobrepõem, em perspectiva, em relação ao observador (pescador), de acordo com o movimento do barco. Quando os dois vértices são formados pelo encontro dos respectivos pontos, então o barco está sobre o pesqueiro.

A pedra do Tapaiúna, por exemplo, pesqueiro em que no inverno se encontram os ariacós (*Lutjanus synagris*) e as chumbergas (*Caranx crysos*), é marcada de um lado quando o Tapaiúna, morro localizado próximo à BR-101, alinha-se com o coqueiro mais destacado da ponta do Tacimirim. O alinhamento dos dois permite a determinação de um dos vértices em terra. Do outro lado, o pesqueiro é marcado pelo vértice formado quando o morro do Galeão está meio a meio com a ponta do Pratigi, na ilha de Tinharé, em frente a Boipeba. Desse modo, o pesqueiro é marcado pela convergência de duas linhas que "partem" dos vértices marcados em terra, nesse sistema conhecido como "de triangulação".

Se for necessário, o mestre do barco, encarregado da etno-orientação, verifica por meio do uso da chumbada se o pesqueiro foi localizado corretamente: "Quando as terras vai chegando na posição, para a máquina, fundeia o barco e sonda com chumbada. Por meio da chumbada conhece o lugar", conta Elísio.

---

4 Acesso à ilha, vindo do mar aberto, tendo de um lado bancos de areia, e de outro, recifes de coral.

5 As marcas podem ser, por exemplo, um coqueiro mais destacado entre os demais, um morro, a extremidade de uma enseada, uma casa no alto de um morro ou um ponto de luz, caso seja à noite.

A confirmação do local exato do pesqueiro é feita pelo reconhecimento da etnotipologia do fundo do mar. Para os pescadores de Velha Boipeba, essa classificação envolve, basicamente, as categorias lamas, pedras, duros (constituídos de areia compactada) e coroas (areia descompactada, encontrada apenas próximo à costa). Além destas, surgem as tubatingas de várias cores, que são uma espécie de argila também encontrada em terra firme e frequentemente utilizada na construção das casas dos pescadores. Na identificação por chumbada, a tubatinga se confunde com a lama.[6] No entanto, de acordo com as informações de alguns pescadores, ela raramente é encontrada. Segundo seu Osvaldo, "a tubatinga é muito difícil de encontrar. Encontra mais embaixo dos duros".

Os pesqueiros são denominados pelos pescadores levando-se em conta distintos atributos. Pode ser pelo ponto de localização em terra; pelo nome do pescador que o descobriu; por uma propriedade marcante do próprio pesqueiro, como o tipo de fundo ou o tipo de pescado que lhe é característico; ou mesmo pela combinação de dois deles. Alguns exemplos de pesqueiros da região são lama de Dudinha, coroa de Canapu, pedra do Coqueiro, Tapuias, pedra da Cavala e Berada.

Cada pesqueiro possui seus pescados específicos: o camarão é pescado na lama; a lagosta (de mergulho), nas pedras; os peixes de passagem, nos duros; os vermelhos, os meros de fundo... na "berada", que corresponde ao talude da plataforma continental, como evidenciam as belas descrições feitas pelos pescadores. Nas palavras de Mestre Paulo, um dos pescadores mais antigos de Boipeba: "A berada é um lugar que fica na beira e logo na beira é bem fundo. Não vou dizer que é um lugar só; pra todo lugar que você for, tem. A depender da direção você demora mais ou menos".

E seu Bertinho, por sua vez, diz:

---

6 A identificação do tipo de argila que corresponde à tubatinga e a caracterização de sua relação com as argilas não foram investigadas.

> A berada fica aí fora em qualquer mar. A linha cai num buraco medonho. Você tá com 60 braças de linha, se escapulir a linha desce pra 90 braças, depois não toma mais pé. É um oceano que nunca tem baixio, sem fim. Para o lado de Ilhéus tem baixio depois da berada, mas aqui na frente não encontra mais baixio em lugar nenhum. (Rêgo, 1993)

Para a determinação da direção da navegação, a referência são os movimentos do mar. Parte-se do reconhecimento de que o mar, quando "sobe", movimenta-se de leste para oeste. Assim, se um barco segue "no rolo do mar", isto é, subindo e descendo as ondas, está indo para leste ou para oeste, a depender da direção para a qual está voltada sua proa. Por esse método, os pescadores são capazes de retornar à terra mesmo quando não podem utilizar outros meios de orientação. Por outro lado, se um barco "joga de banda", isto é, recebe o choque das ondas em seus flancos, ele está indo para o sul ou para o norte, pois está se movimentando perpendicularmente ao "rolo do mar". O barco ainda pode se movimentar "em meia moura", e então ele está indo nas outras direções.

Com o entusiasmo do conhecimento, quando questionamos sobre o significado de meia moura, seu Bertinho tranquilamente respondeu: "É difícil explicar o que é meia moura. Só conhecendo. O barco não tá nem de banda nem no rolo…". Então voltamos à nossa realidade: nós não somos pescadores…[7]

Todo esse conhecimento com o objetivo final de capturar aquele pescado que aguardamos para o preparo da deliciosa iguaria. Mas isso não é tudo. Até agora vimos como se reconhecem os ambientes e um pouco de como os pescadores se orientam para chegar até lá, onde está o pescado. Para a captura propriamente dita, é necessário ainda saber os hábitos de cada pescado: onde ele vive, o que ele come e como se comporta. É o que se conhece na

---

7   É evidente que a lua, os ventos e as estrelas também foram mencionados dentro dos métodos de orientação, porém não foram aqui explorados.

biologia como nicho ecológico. Somente com esse conhecimento a pesca se torna possível, inclusive a utilização das artes de pesca adequadas.

Os pescadores artesanais se utilizam de artefatos como o jiqui, para a pesca do caramuru; o calão, usado apenas no verão para a pesca na beira da costa; a linha, para a pesca em maiores profundidades; a tarrafa, apenas para momentos de maré baixa, requerendo grande habilidade e observação; e as redes de espera. Cada arte apropriada a um ambiente, momento e tipo de pescado. Muitas delas praticamente extintas ou muito pouco utilizadas. Buscamos aqui registrar cada uma delas.

AS ARTES E AS TÉCNICAS DE PESCA

> *Se pesca com calão em Boipeba desde quando ela foi habitada. Em Boipeba, tem três artes de profissão: o calão, a lixeira e o anzol.*
>
> Seu Bertinho

PESCA DE LINHA

Segundo seu Bertinho, "a arte mesmo está na pesca de linha". Não é difícil concordar com ele, pois é na pesca de linha que o conhecimento etnoecológico aparece muito claramente. Ele se refere ao conhecimento das relações tróficas, o que permite a seleção das iscas apropriadas para a captura do peixe, ao conhecimento dos hábitats, para a localização dos cardumes, e ao conhecimento do comportamento das diversas espécies de peixes, o que se relaciona à eficácia da técnica de captura.

De acordo com Margalef (1991, p. 801), "os carnívoros especializados podem ser capturados com relativa facilidade quando se conhecem seus costumes e se adotam sistemas apropriados". Na verdade, pode-se perceber, quando se estuda a etnoecologia dos pescadores, sem preconceitos injustificados, que esta contém não só um reconhecimento do hábitat e do comportamento dos organismos marinhos mas, para além disso, um conhecimento de seu nicho ecológico, que abrange os três componentes discriminados por Odum: o nicho espacial ou hábitat, o nicho trófico e o nicho multidimensional ou de hipervolume.

> O **hábitat** de um organismo é o lugar onde ele vive ou o lugar para onde alguém iria procurá-lo. O **nicho ecológico**, contudo, inclui não apenas o espaço físico ocupado por um organismo, como também o seu papel funcional na comunidade (e.g., sua posição trófica) e a sua posição em gradientes ambientais de temperatura, umidade, pH, solo e outras condições de existência. Estes três aspectos do **nicho ecológico** podem ser convenientemente designados como **nicho espacial** ou **hábitat**, o **nicho trófico** e o **nicho multidimensional** ou de **hipervolume**. (Odum, 1983, p. 254)

Seu Osvaldo, ao se referir à pesca do "bejupirá" (*Rachycentron canadum*), peixe que é conhecido na região pela excelência de sua carne e pela dificuldade de sua captura, relata a um só tempo a natureza da isca apropriada ("Não, rapaz, deve ser um bejupirá, aí eu fui lá, peguei minha linha, aí botei um camarão grande, ele gosta de camarão") e os aspectos de seu comportamento que tornam tão difícil a captura ("Só pega bejupirá de linha... Não é igualmente a esses peixes que andam em cardume e se pega fácil na rede").

Nessa mesma conversa, seu Osvaldo mostra como o conhecimento do nicho trófico das espécies fundamenta a escolha da isca e, por outro lado, como o conhecimento do comportamento da isca é importante para sua localização:

> É lua nova. Vai ter caranguejo mole. O caranguejo só dá na época de setembro, outubro, novembro, que ele se descasca, aí a gente pega ele e vai pescar. É que ele tira a casca pra crescer e aí a gente panha ele pra pescar. E aí a gente panha bastante peixe, robalo, pesca no arrecife... (Rêgo, 1993)

Ainda na mesma conversa, a referência aos nichos espaciais das espécies evidencia a relação entre conhecimento empírico e a captura com linha: "O paru é uma coisa linda, linda, linda, e ele só fica nos montes, né? Fica no cardume de 10, 15, 20, 30. Dá mais em beira de pedra. Nas cabeça de pedra, ele fica ali", diz seu Osvaldo. "E quais são os peixes que dão assim em pedra?", pergunto. "Olha, dá paru, dá robalo em pedra também, dá badejo, dá cioba, cavala", responde o pescador. "E esses só dão nas pedras?" "Não! Dão fora também. Agora, o que só mora nas pedras mesmo é o mero." "Mero?", pergunto. "O mero e o badejo só vive no lugar que tem pedra", explica seu Osvaldo.

A pescaria de cavala (*Scomberomorus cavalla*), que ocorre nos meses de verão em Boipeba, contém um grande referencial de conhecimento etnoecológico. O conhecimento do comportamento e do nicho trófico desse peixe fundamenta a distinção de uma técnica para pescá-lo de dia e de outra para capturá-lo à noite. De dia, a pesca da cavala é de "corso", ou seja, a isca é puxada pelo barco de um lado a outro do pesqueiro, porque esse peixe é capturado com a isca em movimento. À noite, eles a pescam com o barco parado, talvez pelo risco de mantê-lo em movimento. Desse modo, a isca que é utilizada de dia pode ser peixe morto, por exemplo, filé de "avoador", mas de noite eles são forçados a utilizar como isca peixes vivos, como o chicharro (*Trachurus trachurus*), que suporta melhor o anzol. Não sendo movimentada pelo barco, a isca deve se manter ela própria em movimento, para atrair a cavala.

O conhecimento empírico acerca do comportamento da cavala, necessário para a pescaria de "corso", inclui a compreensão de que esse peixe evita as águas muito superficiais quando o dia está ensolarado. Como relata Elísio, "quando tá sombreado, a linha vai sem chumbada correndo na superfície. Quando o sol tá claro, tem de botar chumbada pra abater a isca".

A pesca do dourado (*Coryphaena hippurus*) é outra que exige conhecimento etnoecológico referente ao comportamento dessa espécie para que seja bem-sucedida. Numa ocasião, seu Bertinho e o filho, Dito, comentavam de um pescador que perdeu um cardume de dourado porque não soube pescar. Segundo seu Bertinho, se o pescador pegar o primeiro dourado e, entusiasmado, puxá-lo para dentro do barco, ele perderá o restante do cardume. Os outros peixes se alertam e fogem. Depois de fisgar o dourado, deve-se deixá-lo dentro da água, na beira do barco, e ficar passeando de um lado para o outro com ele, enquanto se captura o resto do cardume.

Uma conversa com seu Bertinho evidencia ainda seu conhecimento acerca do nicho espacial ou hábitat de diversas espécies de peixes ("Se tiver pedra na beira da tubatinga ou da lama, dá muito peixe. O peixe gosta de pedra, onde vai pra comer. Na pedra ele acha melhor o que mariscar. Temos peixes que frequentam tudo quanto é lado: manjuba, chicharro"), do nicho trófico ("O engodo[8] vem de fora, dos baixios, por exemplo, filhote de peixe coco, com vento leste. O peixe grande arriba atrás. Aí pega peixe grande de calão na costa. Peixe pequeno se apadrinha nas pedras. O peixe grande vem procurar ele pra comer") e do nicho multidimensional ("O peixe procura os sacos, a água morta. Os peixes vêm pra costa no verão porque a água é quente e clara. No inverno, eles vão pro fundo procurar corrente quente, porque a água perto da areia fica fria. A água que ele procura no fundo é quente e limpa").

Manuel, de forma similar, relaciona a chegada do peixe na costa, nos meses de verão, não só às relações tróficas, evidenciadas pela "arribação do engodo", como também a elementos do nicho multidimensional, por exemplo, "a estação dos ventos", e ao fato de que a água da costa no verão fica clara, sendo procurada pelos peixes.

O "canto dos peixes" surge também como um referencial importante, como nos mostra seu Bertinho: "Vai dar é peixe esse ano! Tá uma cantarola danada. Baixa a cabeça no fundo do barco e dá pra ouvir a cantoria. Peixe só canta no sol frio, quando amanhece, ou ao entardecer, de noite. Cada qualidade de peixe tem um canto diferente".

---

8   O peixe pequeno que, vindo para a praia, atrai os peixes carnívoros, de maiores dimensões.

Desse modo, é possível ver, nessa fala de seu Bertinho, não só uma relação entre a cantoria dos peixes e a pesca como também a possibilidade de que exista uma classificação dos peixes de acordo com o canto. Isso fica evidente em uma outra fala, em que ele também relaciona o canto dos peixes ao comportamento de corte.

> Todo peixe de verão, da beira da costa, canta. Eles se ajunta pra desovar e faz festa. Eles desovam nas águas sujas da costa, pescada, pescada aratá, boca torta (o canto é uma música bonita!), bagre (que parece uma flauta), curuvina (parece martelo batendo), camina, mirucaia, roncador, cabeçudo. (Rêgo, 1993)

De fato, Storer *et al.* (1984) relacionam os sons emitidos pelos peixes com comportamento reprodutivo, agressivo, defensivo ou de alimentação, evidenciando ainda a natureza específica dos sons emitidos por cada peixe:

> Os peixes produzem sons de diversas maneiras dependendo da espécie. Eles podem mover as nadadeiras contra as partes do corpo, atritar os dentes faríngeos, liberar gás pelo ducto da bexiga natatória ou vibrar suas paredes com músculos especiais. Os sons podem servir para reunir indivíduos para reprodução ou para a alimentação. Em algumas espécies, eles são emitidos durante comportamento agressivo ou defensivo e podem ser importantes no comportamento territorial. (Storer *et al.*, 1984, p. 603)

Um outro cuidado que deve ser tomado pelos pescadores, segundo Elísio, refere-se ao posicionamento do barco para a pesca de linha. Ao fundearem o barco próximo a uma pedra,[9] eles lançam no mar o "engodo". O barco deve estar colocado, no entanto, de modo que o "engodo", ao ser lançado, seja levado pelo mar na direção da pedra, atraindo o peixe para as

---

9   Os pesqueiros que dão peixes graúdos, de linhas, são em geral próximos a pedras.

iscas, que já foram selecionadas de acordo com as espécies que são normalmente encontradas naquele pesqueiro.[10]

Esses exemplos ilustram a íntima relação entre o conhecimento etnoecológico – referente aos nichos trófico, espacial e multidimensional, e ao comportamento das espécies de pescado – e as técnicas de captura com linha. Trata-se de um conhecimento empírico que está diretamente vinculado aos objetivos concretos de seus detentores, isto é, à sua prática produtiva. Como escreve Lévi-Strauss,

> existem dois modos distintos de pensamento científico, tanto um como outro são funções não de etapas desiguais do espírito humano, e sim dos dois níveis estratégicos em que a natureza se deixa atacar. [...] esta ciência do concreto teria que estar limitada, por essência, a outros resultados, porém não foi menos científica e seus resultados não foram menos reais. (Lévi-Strauss, 1989, p. 30)

No entanto, trata-se também de um *corpus* de conhecimento que se encontra em risco de extinção, pois, como a pesca com calão, também a pesca com linha está desaparecendo na Velha Boipeba. Seu Bertinho, após deixar claro que a sabedoria do pescador se mostra mesmo é na pesca com linha, comenta que "hoje, em Boipeba, só Dudinha é mestre de pesca com linha".

Desse modo, a preferência pelo uso do arrastão pode estar acarretando o desaparecimento dos dois métodos de captura mais tradicionais da Velha Boipeba, provocando a diminuição do conhecimento etnoecológico das novas gerações de pescadores, mais dedicados à pesca de arrastão e com bombas. A sustentabilidade ecológica da atividade pesqueira está, no entanto, desde muito relacionada ao *corpus* de conhecimento empírico

---

10 Os pescadores normalmente conhecem as espécies que são encontradas nos diversos pesqueiros, a ponto de o nome de alguns deles se referir a determinadas espécies, como a pedra da Cavala ou a coroa de Canapu. Em geral, quando um pescador se refere a um pesqueiro, ele cita em seguida as espécies que ali são pescadas.

recolhido pelos pescadores, de modo que sua destruição é também um componente dos problemas ambientais que estão ocorrendo na região.

A preferência pelo arrastão, por sua vez, pode ser referida não só ao fato de que se trata de uma técnica de grande poder de captura (sendo, portanto, favorecida pela demanda do pescado), mas também por ela não exigir do pescador o mesmo volume de conhecimento empírico. Isso fica evidente na fala de um pescador jovem que, em oposição à opinião de seu Bertinho de que a arte da pesca se encontra mesmo é na linha, diz: "Pesco de linha, de rede também. Aqui é mais na rede. A pescaria é rede". Afinal, como diz seu Bertinho, ser mestre de pescaria não é fácil: "Pra ser mestre de pescaria, tem que estudar muitos anos. A gente morre aprendendo...".

REDES DE ESPERA

Esta arte apresenta uma grande variedade, sendo classificada de acordo com o tipo de pescado a que se destina, logo, conforme a variação no tamanho da malha e na especificação do *nylon* adequados à captura de espécies-alvo. As redes de malha pequena se destinam à captura de peixes miúdos e as de malha grande, à de peixes graúdos, lagostas e até tartarugas. Embora cada rede de espera tenha sua espécie-alvo, qualquer peixe de tamanho semelhante é capturado.

Consertando uma rede cramurizeira, seu Roque explica: "A malha dela é grande, com *nylon* 70. Ela pega outros tipos de peixe, mas o pessoal chama ela de cramurizeira porque é feita pra pegar cramuri".

As redes de espera têm muitas braças de comprimento e ficam suspensas no mar, com a parte de baixo tocando o assoalho marinho, em virtude da presença de chumbadas, e a parte de cima boiando graças a pedaços de isopor. Os cardumes de peixes vêm nadando e, como não são capazes de ver a rede, nela se "enlinham", a depender do tamanho da malha.

No retorno de cada pescaria, as redes precisam ser consertadas, pois são constantemente arrombadas pelos peixes. O robalo (*Centropomus* sp.), por exemplo, é o peixe que mais estraga a rede, porque, como diz Manuel, "tem uma serrilha danada". Outros peixes, como a cavala, a sororoca (*Scomberomorus maculatus*) e o goibuçu (*Sphyraena barracuda*), cortam com os dentes até mesmo os fios de *nylon* mais grossos, fazendo com que os pescadores, quando estão pescando de linha, coloquem um arame junto ao *nylon*, evitando que eles o partam.

O conserto das redes é feito diariamente pelos próprios pescadores, o que confere uma paisagem característica ao cotidiano de Velha Boipeba, marcada por redes estendidas (foto 19) e pelos movimentos lentos e repetidos das agulhas de tecer redes, feitas de jenipapo (*Genipa americana*) ou plástico. Não se trata de trabalho fácil, pois, de acordo com seu Diogo, um dos artesãos do povoado, consertar rede é pior do que fazer. Porém sua confecção é bastante trabalhosa: em uma entrevista com seu Francisco, enquanto ele confeccionava uma rede carapebeira[11]que teria, ao cabo de seu trabalho, 1.492 malhas, ele afirmou que, se pudesse trabalhar nela o dia todo, a rede só ficaria pronta em quinze dias.

As redes são confeccionadas atualmente com fios de *nylon* seco ou sedado, sendo este mais resistente e com maior poder de captura, visto que nele o pescado se "enlinha". As lagosteiras, por exemplo, redes de espera que têm como alvo a lagosta, mas que também capturam peixes como a cioba e o dentão (*Lutjanus analis* e *Lutjanus apodus*, respectivamente), são geralmente feitas de *nylon* sedado. As redes de fio de *nylon* seco, no entanto, servem para a pesca de dia e de noite, enquanto a pesca com fio de seda está restrita ao uso à noite, quando o peixe não pode enxergá-la.

Antigamente, as redes de espera eram tecidas com fios de tucum, que ainda é encontrado em Boipeba, embora não seja mais utilizado para sua confecção. De acordo com a descrição de Rizzini e Mors (1976), trata-se de

---

11 A carapebeira tem como espécie-alvo a carapeba (*Diapterus rhombeus*), capturando também outros peixes, como a corvina (*Micropogon fournieri*).

> belas palmeiras em torno de 6 a 15 metros de altura, vegetando em grandes conjuntos nos terrenos secos. [...] As folhas cedem, por simples rasgamento mecânico, as fibras em grande quantidade; elas são fortes e resistem à ação da água salgada. [...] Serve para confeccionar redes de pescar e dormir, cordas de diversos tipos, inclusive para amarrar navios. (Rizzini & Mors, 1976, p. 109)

Não é difícil compreender, portanto, por que esse recurso vegetal era utilizado para a confecção das redes de espera. Nas palavras de seu Celso, "a lã da folha é forte pra danar!".

As redes destinadas à captura de lagostas são colocadas no pesqueiro à tarde e retiradas para mariscagem[12] ao amanhecer do segundo dia (normalmente os barcos saem entre 4 horas e 6 horas).

A pesca da lagosta é feita de rede apenas no inverno, quando a água se encontra suja. No verão, a lagosta é capturada por meio de mergulho. Essa diferenciação sazonal das técnicas pode não estar relacionada, no entanto, apenas ao fato de que no verão a água clara dificulta a captura da lagosta em rede. O comportamento das lagostas provavelmente exerce influência na escolha das técnicas. Trata-se apenas de uma hipótese sugerida por observações feitas por pescadores acerca do comportamento do crustáceo, como esta que segue, relatada por Elísio, referente às lagostas em arribação: "Em junho, julho tem temporal. Em agosto as lagostas arribam e tomam conta da lama para a desova".

Não se pode estabelecer, no entanto, qualquer relação segura entre o processo de migração e desova da lagosta e as técnicas de captura empregadas no inverno enquanto informações adicionais não forem obtidas, oriundas tanto dos pescadores quanto da literatura científica.

As redes destinadas à captura de peixes ficam nos pesqueiros no período compreendido entre o entardecer, quando são colocadas, e o próximo

---

12 Mariscar em Velha Boipeba tem, sobretudo, o significado de ir retirar a arte do pesqueiro e o pescado da arte. O emprego do termo "mariscar" referindo-se à coleta de mariscos também é utilizado, mas com menor frequência.

amanhecer. Elas não podem permanecer por muito tempo porque a perda de peixes por apodrecimento pode ser grande, além de que, quando preso na rede, o pescado é facilmente consumido por outros animais.

CALÃO

É uma das artes de pesca mais tradicionais de Boipeba. Trata-se de uma rede de malha pequena que é manejada por um grupo de homens na praia e outro grupo numa canoa. Ela é utilizada para a captura de peixes e camarão (foto 20).

De acordo com seu Bertinho, um dos pescadores mais velhos e respeitados do povoado, ali se pesca de calão desde quando o local foi habitado.[13] Esse pescador, que foi o primeiro a testar o arrastão (outro tipo de rede que será descrito adiante) quando ele chegou em Boipeba, dizia que o nome certo do calão era rede de arrasto ou arrastão. E o arrastão seria "tró" (*trawl*).[14] Ele explicava que este último é puxado pelo barco; e o calão é um arrastão, só que puxado da terra.

O homem na canoa estica a corda, que tem aproximadamente 60 braças, cercando, por exemplo, uma coroa em que se encontra um cardume de peixes. Quando a corda está toda estendida e a coroa, cercada, a rede é solta e, depois, arrastada pelo grupo de homens na praia, retirando-se o pescado do mar.

O calão é utilizado especificamente no verão, pois é nessa época que os peixes vêm para a costa, já que a água está quente e clara, segundo informações de seu Bertinho; no inverno, os peixes vão comer no fundo porque a areia perto da praia fica fria. E Manuel complementa dizendo que no verão

---

13 O estudo original que gerou este artigo retratou boa parte da história de Velha Boipeba, que mostra que sua ocupação se confunde com a colonização brasileira pelos portugueses.

14 "Dentre os diferentes tipos de redes, as de arrasto foram as que mais se desenvolveram, principalmente a rede de 'trawl' (arrastão, a qual, mediante processo evolutivo, se transformou de um simples aparelho de pesca artesanal no apetrecho industrial de maior captura" (Diegues, 1983, p. 19).

dá muito peixe na costa também porque é a estação dos ventos, então os peixes vêm comer o engodo que é trazido para a beira da praia.

Antigamente o calão era feito de fio de algodão. Ele é curado com tinta de mangue vermelho. A cura é necessária para que a rede não apodreça em contato com a água.

Hoje o calão de algodão praticamente desapareceu; é feito de *nylon*. Seu Francisco relatou que atualmente existem apenas dois calões em Boipeba, sugerindo, desse modo, que não só o calão de algodão mas o próprio calde queão está em extinção no local. Ele associa esse desaparecimento ao fato de que, depois do arrastão, ninguém mais quer usar calão.

REDINHA DE ARRASTO

A redinha de arrasto é um calão de menores dimensões. Ambos têm cope e são utilizados sobretudo no verão, na beira da costa. Ela é puxada da praia apenas por força humana, não sendo necessária a utilização de canoa: um homem fica na terra com uma ponta da rede e outro, dentro d'água, com a outra ponta. O procedimento de captura é idêntico ao do calão. Segundo Manuel, a redinha é mais usada dentro do rio (estuário), para pegar o peixe miúdo que serve de engodo – isto é, atrativo para o peixe grande, como a *pipira*.

ARRASTÃO

Em contraste com o calão, o arrastão tem uma estrutura mais simples, porém menos artesanal e mais impactante ao meio ambiente, pela forma com que revolve o fundo do mar. A rede não apresenta, em seu todo, grande variação no tipo da malha. O centro dele é chamado de sacador, cofo, cope ou funil e serve para armazenar o pescado capturado. Assim, a malha do cofo é menor que a do restante da rede, a manga.

Podem-se encontrar em Boipeba quatro tipos de arrastão, diferenciados pelo tamanho da malha e por altura e comprimento da rede.

O arrastão é voltado especificamente para o camarão. No entanto, ele captura também peixes miúdos, muitas vezes alevinos, que, quando não muito pequenos, são secos, salgados e vendidos em conjuntos de cem talas ou espetos (cento), contendo cada tala em média cinco peixes. É uma cena frequente em Velha Boipeba, na frente das casas de praticamente todos os pescadores, o peixe miúdo secando em esteiras chamadas camboas, feitas de piaçava (*Attalea funifera*) ou canabrava (gramínea), sobre uma armação de madeira, o girau.

Eventualmente o arrastão pode pegar alguns peixes graúdos, umas poucas espécies que se "enlinham" nele, como as arraias que suspendem o cabo e o esporão e ficam presas, ou os bagres que se arrepiam e prendem o esporão.

TARRAFA

A tarrafa é uma rede utilizada para a captura de peixes na costa, quando a maré está baixa ou quando começa a encher – ou, como se diz localmente, "na virada da maré de enchente". O pescador primeiro vê um cardume passando, então ele entra na água com cuidado, sorrateiramente, evitando fazer qualquer movimento brusco ou barulho que espante os peixes. Quando se aproxima o suficiente, ele lança a tarrafa. A rede se abre no ar e cai sobre o cardume, ainda aberta, ficando rente ao chão por causa das chumbadas que possui em seus bordos, chamados de entalhe (foto 21). Os peixes não têm como escapar e são coletados pelo pescador ainda vivos.

A tarrafa se abre por causa das "crescências" que ela apresenta em sua estrutura. A partir da terceira carreira de malhas, começando do centro da tarrafa, uma malha adicional é introduzida na rede para cada duas que lá já se encontram, com uma pequena laçada, constituindo assim as "crescências" da rede. Por exemplo, uma tarrafa que era utilizada pelo pescador Elísio se iniciava com 60 malhas e terminava com 450.

Pelo observado, os peixes mais capturados com essa arte eram tainha (*Mugil* sp.), carapeba – tanto a verdadeira (*Diapterus rhombeus*) quanto a tinga (*Eugerres brasilianus*) –, robalo esporão-duro (*Centropomus parallelus*) e "carapicum" (*Eucinostomus* sp.).

COROQUE

O coroque consiste em uma vara de madeira firmemente enlaçada por fios grossos de *nylon*, com um anzol de grandes dimensões na ponta. É utilizado como um auxílio na pesca de linha, principalmente quando são capturados peixes grandes e valentes que lutam muito e dão trabalho ao pescador que deseja puxá-los para dentro do barco. Com o coroque, o peixe é imediatamente fisgado ("corocado") ao ser retirado da água, evitando-se que ele ofereça grande resistência à captura.

Seu Osvaldo, descrevendo a captura de um "bejupirá", refere-se da seguinte forma ao uso e à estrutura do coroque:

> ... daqui a pouco ele pegou a isca! Mas ia tirando a linha numa velocidade tão grande que num instante a linha tava solta, já tinha acabado. Aí eu mandei ele pegar um coroque. Coroque é um anzol forte que a gente pega e amarra numa madeira. Aí, quando o peixe chega na beira do barco, a gente pega e puxa o peixe. (Rêgo, 1994)

BICHEIRO OU FISGA

Assim como o coroque, consiste em um anzol forte preso a uma vara de madeira, mas com a diferença de que não é amarrado. Ele é utilizado para retirar animais que se abrigam em locas, como polvos e caramurus.

Na pesca de mergulho, a fisga é utilizada para a captura da lagosta. Segundo seu Osvaldo, os pescadores vão de luva, mergulham de 12 metros a 16 metros e com a fisga vão pegando as lagostas e as colocando na enfieira ou embirici, feita de arame.

A exemplo de diversas outras técnicas, a pesca da lagosta requer conhecimento empírico da diversidade de comportamentos das espécies para sua execução. Quando estão coletando a lagosta chan chan, por exemplo, é preciso trabalhar rapidamente com a fisga, caso contrário o grupo de lagostas percebe a captura e foge. As lagostas azuis, por outro lado, não apresentam esse comportamento de alarme, de modo que elas ficam sobre a pedra em que foram encontradas até que sejam todas coletadas.

BARANDÃO

Esta é uma arte derivada da pesca de linha, que, do mesmo modo, destina-se à captura de peixes graúdos. Consiste em uma linha de *nylon* com uma chumbada amarrada na ponta, na qual se prendem dois anzóis, em vez de um, como de costume. Ao colocar o barandão na água, o pescador move-o para cima e para baixo com grande rapidez até que um ou dois peixes sejam fisgados.

RIPIXÉ, JERERÉ OU PUÇÁ

Trata-se de uma pequena rede feita de *nylon* 30, com malha de agulheira, que é de pequenas dimensões. O ripixé ou jereré tem "crescência" como a tarrafa e se apresenta como uma rede em saco que se abre em forma de funil. A rede esticada tem um comprimento de cerca de 50 centímetros, com, no máximo, 100 malhas. Depois de pronta, sua borda é amarrada a um arame grosso, rígido e em formato de circunferência, resultando numa rede de boca arrendondada, em forma de funil, presa a um cabo de madeira.

GROSEIRA OU ESPINHÉ

Esta arte é também uma variante da pesca de linha. A groseira ou espinhé consiste em uma corda em que são colocados diversos anzóis grandes de forma espaçada. Ela serve para a captura de peixes de grandes dimensões, sobretudo tubarões e cações. A groseira fica no oceano, apoiada no fundo por meio das chumbadas colocadas em cordas de sustentação, que portam ainda boias em sua parte superior e são ligadas a ambas as extremidades da corda principal.

Como na captura de peixes com rede de espera, a groseira é colocada ao entardecer e retirada no amanhecer do dia seguinte. De outro modo, os peixes capturados poderiam apodrecer ou ser comidos por outros animais.

ARPÃO

A pesca com arpão requer conhecimento dos pontos vulneráveis e do comportamento dos peixes de grandes dimensões. Bio, um especialista na pesca de mergulho, ao relatar a pesca do mero verdadeiro (*Promicrops itaiara*), ressalta que só atira quando o peixe dá o "apagador", que é um ponto localizado entre a cabeça e o dorso por meio do qual, provavelmente, atinge-se o encéfalo. Quando se atira nesse ponto, o peixe "apaga".

Zé, um outro pescador que também se dedica ao mergulho, relata que é difícil o goibuçu (*Sphyraena barracuda*) mostrar o "degolador", que fica entre a cabeça e o corpo do peixe. Segundo ele, essa espécie se defende mantendo-se de frente para o mergulhador, não mostrando o lado do corpo, pelo qual poderia ser fatalmente atingida.

JIQUI

O jiqui é uma armadilha específica para a pesca do caramuru (Muraenidae). É uma espécie de cesto de formato alongado, cônico, com cerca de 1 metro de comprimento, que tem em seu interior um outro cesto aberto, de menores dimensões, que parte da borda e pende para o fundo da armadilha (foto 22). Esse cesto interno, que termina com algumas talas sem entrelace, constitui o que eles chamam de "engano" do peixe, pois, uma vez que ele força para entrar em busca da isca, não consegue mais sair, por causa de sua disposição.

Essa arte de pesca é confeccionada pelos artesãos do povoado, em especial por um velho pescador de 74 anos, seu Celso, e emprega como matéria-prima a canabrava e vários tipos de cipó. Os cipós são usados também para fazer cestos e samburás (foto 23). Como diz seu Celso, "o melhor cipó pra fazer cesto e samburá é o cipó verdadeiro. Tem várias e várias marcas de cipó".[15] Os cipós devem ser coletados "devez" (isto é, pouco antes de começarem a secar) e, para a utilização, precisam ser amolecidos em água.

A extração do cipó nas matas de Boipeba também traz consigo um corpo de conhecimento etnoecológico que garante sua sustentabilidade. Ronildo, um outro artesão que não faz jiquis, apenas cestos e samburás, diz que, depois de cortar o cipó, só pode voltar lá um ano depois. E só pode cortar os filhos: "se não cortar a mãe do cipó, tem de novo".

Percebemos com isso que os artesãos têm o cuidado, no corte do cipó, de não atingir as lianas principais, para não interferir em sua capacidade de brotamento. A referência a essas lianas como "mães do cipó" evidencia uma atribuição à natureza de categorias empregadas à espécie humana, o que pode contribuir para a preservação dos recursos naturais na medida em que intervêm na forma como as relações entre homem e natureza se estruturam.

Qualquer peixe serve de isca no jiqui, mas é melhor que seja fresco. Seu Celso cita, como exemplos de isca, cabeça de cação, sapetinga (que é o caranguejo mole), parte dura da arraia e até carne podre.

Numa conversa, um pescador comentou que não tinha conseguido pegar nada com o jiqui naquele dia. Seu Celso deixou evidente, então, o sentimento de que o pescador leva a vida toda aprendendo e, como falou seu Bertinho, ainda morre aprendendo: "Um rapaz de Valença me disse uma coisa, e eu tô com ele. Nessa época,[16] o peixe tá é na terra atrás da sapetinga.

---

15 É interessante ressaltar que as samambaias (pteridófitas) também são localmente conhecidas como cipós.

16 Nos meses de caranguejo mole: setembro/outubro/novembro.

O caramuru entra no mangue adentro atrás da sapetinga e de outros peixes também".

TAPESTEIRO

O tapesteiro é uma rede confeccionada de *nylon* sedado e utilizada apenas para a pesca nos rios que são encontrados em meio aos manguezais e que secam na maré baixa. Quando o rio está seco, o pescador fixa o tapesteiro na lama com ganchos de madeira, prendendo-o também em duas estacas mais altas, colocadas na porção da terra que a maré cheia não alcança. Desse modo, o tapesteiro fica deitado no fundo do rio enquanto a maré enche e os peixes entram no canal. O pescador prende então o tapesteiro nas estacas de terra, de modo que ele agora fique suspenso em meio ao canal cheio. Assim, quando a maré está vazando e os peixes tentam retornar, a rede os detém. Basta então recolher os peixes com as mãos ou com o puçá ou jereré. Quando o rio não está completamente seco no momento da coleta com o puçá, é possível uma seleção do pescado, de modo que o pescador pode devolver à água os peixes mais miúdos.

No entanto, peixes como as tainhas podem pular por cima do tapesteiro quando a maré vaza, enquanto outros podem arrombá-lo. Por isso, os pescadores combinam o tapesteiro com outra arte de pesca, chamada canto ou camboa de costeiro.

CAMBOA DE COSTEIRO OU CANTO

Também conhecida como canto, a camboa de costeiro é feita de esteiras de piaçava ou canabrava. São as mesmas esteiras colocadas sobre o girau para secar o peixe miúdo em frente às casas.

O pescador coloca o tapesteiro no rio, como explicado anteriormente, mas combina-o com outras esteiras, em geral duas ou três, cercando o peixe por todos os lados. Além disso, uma das esteiras é arrumada de modo a formar um círculo que tem apenas uma entrada (que constitui o "engano", isto é, a armadilha para o peixe). O peixe, ao se ver cercado, força a entrada pelo "engano" e depois não consegue mais sair, ficando preso no interior da esteira ou "morredor", debatendo-se de um lado para o outro até a maré secar e o pescador o recolher com a mão ou com o puçá.

Só os peixes que conseguem arrombar o tapesteiro podem evitar o "engano". Às vezes, os pescadores colocam também uma rede por cima da camboa para evitar que os peixes saltem. Com a aplicação de toda essa técnica, a armadilha é muito eficiente, rendendo uma quantidade de peixe consideravelmente maior do que aquela obtida apenas com o tapesteiro.

Nos dias de hoje praticamente não existem camboas de costeiro em Velha Boipeba. Parece que apenas um dos pescadores do povoado, seu Celso, por causa da idade, pesca apenas na costa e nos rios em meio aos manguezais, e ainda as confecciona para utilizar. No entanto, segundo informações dos pescadores, elas ainda são abundantes em Cova da Onça, outro povoado da ilha.

Dona Dina conta que ainda alcançou camboa no mangue, mas que "hoje o pessoal não se interessa por camboa, porque só tinha peixe quando ele voltava do mangue. E aí destruiu o mangue, as camboas sumiram".[17]

Seu Bertinho chama a atenção para o fato de a camboa de costeiro utilizada em Velha Boipeba ser diferente das que ainda podem ser vistas toda vez que se percorre o canal de Cairu. Aquelas são camboas de pau a pique. A camboa de costeiro tem esse nome porque pode também ser usada para costear uma coroa em que se encontram cardumes de peixe; é colocada, por exemplo, na maré de lançamento (a maré de enchente) e retirada na vazante,[18] enquanto a camboa de pau a pique fica no lugar em que foi montada

---

17 Como a devastação dos manguezais na região de Velha Boipeba é muito pouco pronunciada, parece razoável supor que a relação estabelecida entre o desaparecimento das camboas de costeiro foi induzida pela conversa que a antecedeu, referente a um estrangeiro que destruiu o manguezal em uma parte de sua propriedade. É mais provável que o abandono dos cantos, como de outras artes de pesca tradicionais, tenha ocorrido em virtude da preferência pela pesca em alto-mar com aparelhos de maior poder de captura, como o arrastão.

18 De acordo com seu Celso, a camboa de costeiro, em contraste com o tapesteiro, pode ser colocada tanto na maré de enchente como na de vazante.

por um longo tempo. Além disso, depois que ela é retirada ou destruída, ficam no lugar os tocos de madeira, e o pescador que os colocou ali pela primeira vez torna-se o dono do lugar; se alguém quiser utilizá-lo terá que pagar a ele uma espécie de aluguel.

PESCA DE ANDARILHO

Esta é uma técnica de pesca noturna que tinha como espécies-alvo principalmente a tainha, mas que, da mesma forma como tantas outras, praticamente desapareceu na região das ilhas de Boipeba, Cairu e arredores. De acordo com a descrição feita por seu Bertinho, os pescadores colocavam uma vara na popa da canoa e prendiam nela uma rede. Além disso, colocava-se na canoa uma luz voltada para um "espelho de zinco", de modo que a claridade só se dirigisse para a proa e para os lados da embarcação. As tainhas se assustavam com a luz e procuravam o escuro, saltando sobre a água, debatendo-se contra a rede e caindo dentro da canoa. Era só ir "andando" com a canoa e capturando os peixes. Daí o nome de pescaria de andarilho. Ela era realizada nos "rios em beira de lama, onde os peixes ficam nas coroas, comendo".

Para seu Bertinho, a técnica desapareceu porque "o peixe ficou sabido". No entanto, sem deixar de levar em conta que as tainhas de algum modo tenham "aprendido" a evitar a captura pela pesca de andarilho, pode-se supor que, como se tratava de técnica que envolvia grande esforço (seu Bertinho, por exemplo, diz que nunca pescou de andarilho, pois essa coisa de ficar por aí de noite não era para ele), terminou por ser substituída por outras de maior facilidade, embora mais prejudiciais ao futuro da própria atividade pesqueira da região, como a pesca por explosivos. De fato, a pesca com bombas em Velha Boipeba tem como principal alvo os cardumes de tainha que estão entrando no rio ou retornando dele. Além disso, ao se referir ao arrastão, seu Bertinho diz que "de quinze anos pra cá o pessoal só quer saber de arrastão porque é fácil pescar".

PESCARIA DE FACHO

Na pesca de facho, ainda muito utilizada em Boipeba, o pescador vai andando pelos arrecifes, na beira da costa, facheando, isto é, fazendo uma luz incidir sobre a água para capturar lagostas e peixes. A lagosta, que à noite fica no seco, permanece imóvel sob a luz e é coletada com a mão ou com uma fisga. O peixe é capturado com facão.

PARA CONTINUAR...

Essas são as artes, as técnicas e um pouco do conhecimento de um povo sábio, que tem muito a nos ensinar... os verdadeiros *especialistas tradicionais*. Porém, além de "invisíveis" aos olhos da sociedade globalizante, estão sendo substituídos pelo que exige, principalmente, a indústria do turismo, com a redução dos hábitats e a visível transformação de um modelo artesanal de exploração dos recursos pesqueiros para um modelo empresarial capitalista concentrador de renda e predatório. Com isso, esses conhecimentos se encontram cada dia mais ameaçados pela crescente perda dos espaços de pesca e sobrevivência dessas populações, o que só pode ser revertido num movimento, não de voltarmos no tempo, numa dita contraevolução, mas de reconhecermos que precisamos voltar às raízes para degustar melhor o que o ambiente e a diversidade nos ofertam com garantia de perenidade para a humanidade, se soubermos utilizar.

REFERÊNCIAS

DIEGUES, A. C. S. *Pescadores, camponeses e trabalhadores do mar*. São Paulo: Ática, 1983.

EL-HANI, C. N. *Bases para a construção de uma ciência crítica*. Dissertação de mestrado. Salvador: UFBA, 1994.

FEYERABEND, P. K. *Adeus à razão*. Lisboa: Edições 70, 1987.

HEYNEMAN, D. "Presidential Address". Em *Journal of Parasitology*, 70 (1), 1984.

LÉVI-STRAUSS, C. *O pensamento selvagem*. Campinas: Papirus, 1989.

MARGALEF, R. *Ecologia*. Barcelona: Omega, 1991.

ODUM, E. P. *Ecologia*. Rio de Janeiro: Guanabara, 1983.

RÊGO, J. C. V. Entrevistas com seu Bertinho, seu Osvaldo, Elísio, Mestre Paulo, Manuel, seu Roque, seu Diogo, seu Francisco, seu Celso, Bio, Zé, Ronildo, dona Dina, seu Mimi. Cairu, 1993.

RIZZINI, C. T. & MORS, W. B. *Botânica econômica brasileira*. São Paulo: Edusp, 1976.

STORER, T. I. *et al. Zoologia geral*. 6ª ed. São Paulo: Nacional, 1984.

TOLEDO, V. M. "La perspectiva etnoecológica: cinco reflexiones acerca de las 'ciencias campesinas' sobre la naturaleza con especial referencia a México". Em *Ciencias*, especial 4, 1990.

História de pescadora: de farol a farol, dois dedos de prosa com Babi Brazil e Alexandra Amorim

Daniela Castro

Os pouco mais de 20 quilômetros que separam o farol de Itapuã do farol da Barra, em Salvador, são conhecidos principalmente pelos pontos turísticos decantados em verso e prosa. Mas também mora nesse percurso o risco de encontros que podem mudar nosso jeito de olhar o mundo.

Perto do Cristo está Bárbara Brazil, 43 anos, flautista e pesquisadora de educação musical (foto 24). Mais conhecida, porém, como atleta cinco vezes campeã brasileira de *stand-up paddle* (SUP). Perto da Sereia está Alexandra Amorim, 35 anos, professora universitária, pesquisadora de dança, tetracampeã baiana de handebol (foto 25). Mas foi como Deusa do Ébano do Ilê Aiyê, em 2015, que ela se consagrou. Sem se conhecerem, essas duas mulheres guardam um laço. São ambas filhas de pescador.

Na Barra, divido com Babi uma cerveja e experimento o famoso caldo de camarão do Bar do Chico. À mesa de plástico posta ali mesmo, na rua, ela me conta como tudo começou. "A pescaria fez parte da minha infância. Pescava na ilha com meu pai. E voltou à minha vida aos 37 anos, só que de prancha", ela diz, e me ensina que essa modalidade de pesca esportiva atende pelo nome de SUP Fishing.

De currico, ela prende à prancha de SUP uma ou duas varas com isca artificial e sai arrastando a 7 ou 8 quilômetros por hora, a velocidade ideal. Chega a remar 20 quilômetros durante três horas até encontrar um bom exemplar de cavala, sororoca, xaréu, bonito ou albacora.

O BRAÇO COMO MOTOR

"A onda é sair em busca do peixe com autonomia, com o próprio braço fazendo o motor da sua embarcação." Se sozinha, aproveita para conversar consigo mesma, com o vento, ou com aquele peixe arteiro que quer escapulir. Perrengues também já passou, claro. Uma queimadura de caravela lhe causou uma intoxicação de fazer fugir a respiração. "Outra vez um beijupirá me arrastou uns 10 quilômetros. Devia ter uns 15 quilos. Me levou de Praia do Forte até Itacimirim", ela jura.

Mas também já viu muito nascer do sol de tirar o fôlego. Sim, porque ela sai de casa por volta das 4h30, levando em conta que ainda vai remar uns 40 minutos até "lá fora". Uma adaptação na prancha, com lampião e currupichel, também lhe permite pescar à noite, quando as agulhas e lulas é que estão dando sopa.

Em 2011, quando as competições de SUP começaram, a pescaria foi ficando mais para o segundo plano. Ou melhor, foi alçada a um plano superior. "É o momento de você se desligar do mundo e sair para ver o que é que vai dar." Durante o ano quase todo, pescar é coisa rara. "Mas quando chega o verão..." Aí tem pesca no mar e peixe assado, moqueca e ensopado na cozinha.

SEXTA, DIA DE PEIXE

Na cozinha da casa de Alexandra Amorim, em Itapuã, também não falta peixe, especialmente às sextas-feiras. "Não sei fazer um bom feijão. Mas sei fazer uma boa moqueca, um bom escaldado, um bom escabeche", ela garante. E é verdade. Foi com uma moqueca de albacora acompanhada de pirão e molho lambão que ela me recebeu para contar de onde vem sua intimidade com o mar.

Dizer que é filha de Sabará, pescador popular na região, já é meio caminho andado para entender a história. Única menina da casa, vislumbrou na pesca a possibilidade de resolver duas questões. Primeiro, estar com os dois irmãos, únicos companheiros de brincadeiras e que estavam sempre ajudando o pai na lida. Depois, ter o próprio dinheiro para comprar suas "coisas de mocinha". Tinha uns 10 anos nessa época.

Da primeira vez, ela não guarda boas lembranças. Eram 4 horas, madrugada, quando a família saiu de casa rumo à praia, sob a ameaça de ficar de castigo na areia se demonstrasse um tantinho assim de medo. Aguentou firme sentada bem no meio da canoa, segurando de um lado e de outro, enquanto a embarcação balançava.

Mas não demorou para pegar o jeito. Logo passou a remar. "Gostei desse negócio de remar. O melhor era ser considerada útil naquele momento", orgulha-se até hoje. Mas nada se compara ao dia em que assumiu a proa. "Ali você tem a visão de onde o peixe está comendo e vai dizendo a direção para onde os outros devem remar. A posição no barco é o que diz a hierarquia e como o peixe vai ser dividido."

CADA UM COM SEU QUINHÃO

O quinhão tão esperado estava reservado para um daqueles dias em que o mar parece estar inspirado. "Conseguimos pescar milhares de guaricemas. Nesse dia vieram junto lagosta e uma arraia enorme", narra. A fartura foi tanta que deu para dividir com todo mundo que ajudou a puxar a rede, momento essencial do ritual da pescaria. "Antes, cada tio me dava um peixe. Nesse dia, eu passei a ter meu próprio quinhão", conta com os olhos rasos d'água.

A pesca, então, passou a ser coisa do cotidiano. Quer dizer, de segunda a sexta. E de manhã bem cedo, porque à tarde tinha escola. Nos fins de semana, Alexandra ajudava a mãe a vender acarajé em outra praia, a de Piatã. A tripla jornada era puxada para uma adolescente, mas outra opção não havia. "Às vezes o dinheiro só dava para comprar três pães cacetinhos pra família toda", lembra.

Os perrengues acompanharam a menina até a vida adulta e a levaram a trilhar outros caminhos. A faculdade de Educação Física em uma universidade particular e o trabalho administrativo em uma rede de supermercados aos poucos foram apartando a moça do mar. Depois vieram a vida acadêmica, esporte, casamento, filha.

Mas ela traz no corpo as marcas dessa história. Costas largas, peitoral avantajado, braços grandes, tudo isso é herança dos anos de remo e puxada de rede. A identidade marcou até mesmo o reinado de Alexandra Amorim como Deusa do Ébano do bloco Ilê Aiyê, em 2015. "A cada passo, a cada compasso, a cada movimento deixo bem claro para todo mundo de onde eu vim."

A moqueca de baiacu e o "risco absoluto à vida humana": os saberes tradicionais e o mito da modernidade científica como saber socialmente referenciado

Paulo Henrique Carvalho e Silva

Quando convidado[1] a escrever um artigo sobre "comidas que vêm do mar", de início fiquei bastante tentado a falar sobre a mariscagem de lambreta, que é muito importante cultural e economicamente na região do Baixo Sul baiano, onde tenho nutrido uma relação de pesquisa e de extensão. No entanto, com uma experiência cultural e gastronômica tão rica, fiquei a me perguntar qual ingrediente e qual prato eu gostaria de compreender melhor para apresentar nesta oportunidade. Pensei numa sensação que havia experimentado certa feita na comunidade da Baixinha (bairro "rurbano" – ou seja, um pouco rural, um pouco urbano – da cidade de Taperoá); uma

---

[1] Refiro-me ao Programa de Extensão Marsol – Mar & Cultura Familiar Solidária/Instituto de Biologia (Ibio) – da Universidade Federal da Bahia (UFBA), coordenado por Miguel da Costa Accioly (prof. dr. do Ibio/UFBA) e por Jussara Cristina Vasconcelos Rêgo (doutoranda em Geografia pela UFBA), no qual tenho atuado como extensionista em comunidades costeiras tradicionais da Bahia.

sensação de "medo-alívio", ao comer a moqueca de baiacu. E que passei a comer desde então, mas sempre de maneira "precavida".[2] Indaguei-me: por que não explorar os sentidos do baiacu enquanto ingrediente da moqueca como receita culinária e, além disso, discutir a relevância do saber tradicional que é tratar o baiacu com segurança?

Assim, este texto busca compreender os sentidos dados no preparo e no consumo da moqueca de baiacu – tal como é feita na comunidade da Baixinha e na região costeira do Baixo Sul – e discutir esses sentidos frente a uma noção corrente e amplamente difundida de "risco absoluto à vida humana" ao consumi-la. A metodologia utilizada busca correlacionar a estrutura do mito de comer baiacu a uma iconografia associada a este.

Visto como um tabu alimentar por discursos científicos mais convencionais, o ato de comer baiacu é considerado muito perigoso. Contudo, ocorre que, embora o risco seja real e com embasamento científico concreto, existem maneiras de minimizá-lo ou removê-lo. Esses discursos que alertam para um risco absoluto na era técnico-científico-informacional ganham *status* de verdade autorreferenciada e inconteste, como relatado na nota que segue de caso de acidente fatal por ingestão de baiacu.

> O envenenamento provocado pela ingestão de baiacus é uma das mais graves formas de intoxicação por animais aquáticos, e o veneno (tetrodotoxina) normalmente está em maior concentração no fígado, baço, vesícula biliar, nas gônadas e na pele, podendo provocar a morte em poucos minutos após o consumo. (Neto *et al.*, 2010, p. 92)

Os sentidos da ingestão do baiacu no caso relatado são incontestes: a morte. Mas daí tirar que os sentidos de ingerir baiacu na Baixinha constituam um risco iminente de morte não poderia ser mais descabido, pois existe um saber tradicional e ancestral de tratar, cozinhar, preparar o pescado com segurança em um "sistema de prestações totais" (Mauss, 2003)

---

2   Ao longo deste artigo discutirei esse ponto mais detalhadamente.

baseado na confiança, ou seja, de maneira segura. Tive acesso à preparação da moqueca de Baiacu na Baixinha; uma técnica tradicional de manejo do peixe[3] que apresentarei e discutirei mais adiante. Mas já antecipo que existe um saber tradicional e socialmente referenciado de preparar e comer o baiacu com segurança.

Um discurso que universaliza uma verdade científica e desconsidera que esse saber tradicional sobre como tornar o baiacu seguro para o consumo pode ser válido eleva a ideia de "risco à vida humana" para uma noção de "risco absoluto à vida humana". Essas visões etnocêntricas, muitas vezes, são carregadas de sentidos preconceituosos, discriminatórios e criminalizadores da população que conhece e pratica tais saberes. Assim, coloquei-me a tarefa de verificar: como o preparo e o consumo do baiacu realmente representam um risco à vida humana? E em quais contextos semânticos não são?

Assim, convido o leitor a entrar no universo da culinária afro-baiana a partir de uma etnografia dos modos de preparar, comer e significar a moqueca de baiacu (embora seja preciso alertar para os riscos) e acompanhar o desenrolar das narrativas em um universo de sabores, olores e prazeres dos "pratos com azeite".

DOS ENFOQUES TEÓRICO-METODOLÓGICOS: SISTEMAS ALIMENTARES DE PRESTAÇÕES TOTAIS E CONFIANÇA

Marcel Mauss (2003), no seu importante estudo sobre a dádiva, verificou a existência em outras sociedades não industrializadas de complexos sistemas de troca. Descobriu a importância teórica e prática da obrigação de dar, da obrigação de receber e da obrigação de retribuir em sociedade, com um valor em si mesmo que determina que haja um retorno da "coisa"

---

3   Além do preparo com o peixe fresco que discutirei ao longo do artigo, vale destacar que na região existem mestras e mestres nas práticas de pescar, limpar, secar, defumar e preparar a moqueca do baiacu. Contudo, não tratarei das técnicas tradicionais de pescar, secar e defumar o pescado.

dada. Esses sistemas de troca e reciprocidade fortalecem os laços políticos e morais em uma comunidade: sistemas de prestações totais. Desta forma, proponho que pensemos em sistemas alimentares como sistemas de prestações totais.

Na Bahia, uma das características mais presentes nesses sistemas alimentares é a comensalidade (Lody, 2013) ou mesmo a prática de preparar e comer junto a outras pessoas da família e da vizinhança suas comidas, como uma moqueca, uma feijoada, um caruru, entre outras, e em particular uma moqueca de baiacu. Quanto ao legado culinário em que a Baixinha está inserida, este é precisamente o da "cozinha ou alimentação de matriz africana". Podem-se assumir os "pratos de azeite" como uns dos que mais se servem nessa culinária, como afirma Lody (2013, p. 93): "O azeite ou óleo de dendê tem vários nomes [...] 'azeite de cheiro', 'epô', 'dendém', e está presente tanto em pratos originalmente africanos, quanto em outros criados pelo africano no Brasil".

> Nesse contexto, destaca-se o dendê, [porque] passa a orientar um amplo sistema alimentar representativo das identidades de povos do continente africano no Brasil. [...] O dendê, em cor, cheiro e sabor, é um marco civilizador de uma África que se esparramou e formou um amplo e rico imaginário, a nos dar referências de nossa identidade afrodescendente. (Lody, 2013, p. 99)

Na Baixinha, a moqueca é um "prato de azeite" que tem, pelo menos, pimenta e dendê, mesmo que se possa fazê-la com e sem leite de coco. Desta forma, é importante notar que existe uma identidade no modo de cozinhar e de comer que Lody (2013, p. 91) chama "o gosto gostoso do afrodescendente" e que na culinária baiana teve uma formação "biafricana". Uma, dos mouros que vieram de Portugal; outra, dos homens e mulheres que foram escravizados e trazidos à força da África para o Brasil.

Retomando a questão da dádiva, dentre os inumeráveis exemplos com que Mauss (2003) trabalhou discutindo os sentidos de troca-reciprocidade

– nas suas lições sobre os sistemas de prestações totais –, temos a discussão do direito hindu clássico. O autor chamou atenção para a importância da alimentação como um fenômeno social total, como segue:

> A coisa dada produz sua recompensa nesta vida e na outra. Aqui, ela engendra automaticamente para o doador uma coisa idêntica a si mesma: ela não é perdida, ela se reproduz; no outro mundo, é a mesma coisa aumentada que reaparece. O **alimento dado** é alimento que voltará neste mundo ao doador; é o mesmo alimento, para ele, no outro mundo; é ainda o mesmo alimento na série de seus renascimentos; [...]

> A terra falou outrora ao herói solar, a *Rama*, filho de *Jamadagni*; e, quando este ouviu seu canto, ele a deu inteira ao próprio *ri Kaçiapa;* ela dizia em sua linguagem certamente antiga:

> *Recebe-me (donatário)*
> *Doa-me (doador)*
> *Doando-me tu me terás de novo*

> [...] falando desta vez uma linguagem bramânica um tanto comum: "neste mundo e no outro, o que é dado é adquirido de novo". [...] É da natureza do alimento ser partilhado; não dividi-lo com outrem é "matar sua essência", é destruir para si e para os outros. Tal é a interpretação,[4] materialista e idealista ao mesmo tempo, que o bramanismo deu a caridade e hospitalidade. (Mauss, 2003, pp. 281-282, grifo do autor)

Desta forma, será fundamental pensar e perceber a moqueca de baiacu – assim como seria com tantas outras – como um sistema de prestações totais. Um sistema que na contemporaneidade assume o *status* político de saber tradicional e é arraigado a uma cultura gastronômica e uma estética própria construída há gerações na região do Baixo Sul da Bahia e na

---

4   Esta citação diz respeito às leituras e interpretações de Mauss acerca do *Anuçasanaparvan* (livro XIII do *Mahabharata*); também é uma leitura da casta brâmane indiana e, portanto, não diz respeito aos textos e mitos sagrados ou originários das castas Ksatriya e Vaiçya (Mauss, 2003, p. 277).

Baixinha. Um sistema de troca-reciprocidade entre parentes e vizinhos que eleva a comensalidade ao patamar de uma interação social com confiança moral e técnica suficiente para comer das mãos de uma mulher com bastante experiência em preparar e servir um prato que pode matar; e comem todos, dos mais jovens aos mais idosos.

João de Pina-Cabral e Vanda Aparecida da Silva (2013), tratando sobre consideração e pessoa nessa mesma região da Bahia, ponderam que a comensalidade é marcante nas relações, embora também tenha limites, assim como tem limites a própria noção de troca-reciprocidade a que aludimos anteriormente. A confiança necessária para comer a moqueca de baiacu é ela mesma uma retribuição à consideração, mas isso não se aplica em todos os casos. Principalmente porque a consideração está associada a uma identidade de pessoa singular que é individual e coletiva ao mesmo tempo; que se estabelece a partir da criação e da convivência entre vizinhos, a parentela e as casas que constituem identidades continuadas. Desta forma, "a dividualidade [individualidade] da pessoa não é negada pela sua partibilidade [ser um ser social]" (Pina-Cabral & Silva, 2013, p. 50), podendo a consideração se transformar, até mesmo, em desconsideração, ocorrendo o rompimento de laços aparentemente inquebráveis. Isso quer dizer que obrigação e dívida podem ser limites para a consideração, uma vez que uma retribuição no sentido dado por Mauss (2003) pode ser cancelada.

> [...] a dívida se torna opressiva quando deixa de estar associada a consideração – quando é tratada como uma coisa em si mesma [reificada/monetarizada], como se sua existência não dependesse da natureza da relação entre devedor e credor. [...] esse tipo de dívida não reifica unicamente os objetos da dívida (o que se deve), ela reifica também o devedor (quem deve). Por conseguinte, os patamares de reificação da dívida são limites para a consideração. (Mauss, 2003, p. 104, colchetes do autor)

Nesse sentido que podemos considerar os habitantes da zona costeira dessa região como "gente livre". Respeitando-se que existem alguns limites para os sistemas de prestações totais de Mauss (2003), é salutar observar como Pina-Cabral e Silva (2013) correlacionam comensalidade, consideração e confiança.

> Entre todas essas casas [vicinalidade] circulam uma série complexa e indeterminada de "agregados" que correspondem a confirmações de consideração e que, na medida em que podem ser esperados, **criam confiança**. Certos gestos regulares assumem mesmo um lado quase formal, como os almoços de segunda-feira em frente à casa de Romário, no dia em que o bar-marisqueira está fechado. [...] Nesse jogo entre casas partíveis emerge uma espécie de conectividade em rede, de fluxo, que parte das identidades continuadas transportadas pelas pessoas singulares, ou seja, sem que surja em algum momento um fechamento, o "pessoal" da vizinhança estrutura-se em comunidade, dando azo a comportamentos coletivos. [...] [Contudo,] as pessoas comem quando sentem vontade e sem preocupações de sintonia. Não existe a comensalidade quase sacrificial e coletivizante que caracteriza a tradição europeia. É frequente ver filhos e agregados da casa passarem pela cozinha para levar comida pronta para os seus quartos ou para casa onde pernoitam. Note-se, porém, que a comensalidade existe e tem efeitos sobre os que dela participam – membros da casa e agregados. (Pina-Cabral & Silva, 2013, pp. 56, 79 e 80, grifo e colchetes do autor)

Desta forma, concluo que os efeitos criados pela interação entre comensalidade, consideração e confiança estão inseridos em um sistema de prestações totais que na verdade é relativo à intenção de continuar assumindo a consideração. Ou seja, não estamos falando de um sistema em que as individualidades estão subsumidas à coletividade; as pessoas têm a opção/agência de romper com o sistema dar-receber-retribuir se assim quiserem – basta que queiram e assumam as consequências.

Vale destacar, ainda, que a comunidade à qual me referencio – a Baixinha – tem uma intensa vida social. Para citar algumas dimensões relevantes:

- de trabalho, na agricultura, na pecuária, na pesca, na mariscagem e em serviços (de caráter empregatício ou não) na cidade, nas empresas, para a prefeitura e em fazendas da região (de dendê, de piaçava, de guaraná, etc.);
- religiosa, com o culto católico a São Miguel e outros, com uma intensa vida paroquial no município;
- desportiva, com os clubes/associações de futebol que promovem uma intensa atividade de treinamentos e competições;
- culinária, com uma variedade de moquecas e outras receitas impressionantes, como pude expressar anteriormente.

Estando inserido neste último contexto, o manejo tradicional do baiacu não deve ser visto apenas como uma "total ausência de informações sobre a possibilidade de intoxicação por parte dos pescadores e suas famílias" (Neto *et al.*, 2010, p. 93), mas também como uma forma segura e culturalmente rica de cozinhar e de se alimentar.

UMA ICONOGRAFIA DO BAIACU E O MITO DA MODERNIDADE CIENTÍFICA SOCIALMENTE REFERENCIADA

Nesta seção do artigo, tomarei o baiacu – e o risco absoluto à vida humana ao comê-lo – em termos de sua iconografia e enquanto um mito. A intenção é inserir esse sistema alimentar específico num contexto maior e mais geral – nas entranhas da estrutura de um mito. Uma iconografia do baiacu, em particular, atende ao propósito de aproximar o leitor da estrutura difusa desse mito. Podemos considerá-la como "arte de representar por meio de imagem. Conhecimento e descrição de imagens (gravuras, fotografias, etc.). Documentação visual que constitui ou completa obra de referência e/ou de caráter biográfico, histórico, geográfico" (Ferreira, 1999, p. 1.069). Ou seja, um hipertexto que o leitor saberá reconhecer quando ouvir o nome "baiacu" e sobre "o risco de comê-lo".

Clifford Geertz (2012, p. 61) propõe a questão: "[...] como é possível que os antropólogos cheguem a conhecer a maneira como um nativo pensa, sente e percebe o mundo?". A essa questão ele respondeu trazendo os conceitos de "experiência-próxima" e de "experiência-distante", discutindo as "noções de pessoa" em Java, em Bali e no Marrocos. O primeiro conceito trata de um saber ou de uma prática enraizada no local/no comunitário e que tem seus sentidos e contextos particulares. Cabe ao antropólogo, ao longo de sua pesquisa, torná-los familiares. O segundo, por sua vez, diz respeito a um conjunto de conceitos que a ciência, a filosofia e as técnicas desenvolveram para a construção de argumentos lógicos. Desta forma, é importante considerar a junção de saberes tradicionais e saberes científicos como método de escrita e de pesquisa etnográfica.

Trago uma "experiência-próxima" e uma "experiência-distante". Esta, com alguns exemplos de narrativas, como um da cultura pop, por meio de um episódio de *Os Simpsons* em que Homer ingere baiacu (*fugu*).[5] A outra, acessando o universo do discurso médico sobre um caso de ingestão fatal de baiacu por uma criança. A "experiência-próxima", no nosso caso, vem do meu contato de pesquisa com a comunidade e com a região onde houve discussões sobre o baiacu e sobre o risco de comê-lo; dessas experiências saiu a etnografia ao final do artigo.

O discurso científico sobre o risco de comer baiacu em face de um conhecimento de como tratá-lo com segurança é um mito moderno que está no imaginário nacional e mundial e, como diria Lévi-Strauss (2012), ele é contraditório e verdadeiro em todas as suas diferentes narrativas. Este,

---

5   Baiacu na língua japonesa.

ainda, nos orienta a pensar no mito como uma estrutura aberta à comunicação e à reinterpretação:

> [...] o estudo dos mitos nos leva a constatações contraditórias. Tudo pode acontecer num mito. A sucessão dos eventos não parece estar aí submetida a nenhuma regra de lógica ou de continuidade, qualquer sujeito pode possuir qualquer predicado, qualquer relação concebível é possível. Contudo, os mitos, aparentemente arbitrários, se reproduzem com as mesmas características e muitas vezes, os mesmos detalhes, em diversas regiões do mundo. (Lévi-Strauss, 2012, p. 295)

Lévi-Straus (2012, p. 310) propõe, ainda, que devemos "definir cada mito pelo conjunto de todas as suas versões" e que a cada momento são definidas novas versões para os mitos, por isso é impossível um nexo causal sólido ou mesmo um único direcionamento para a interpretação. As estruturas que conformam os mitos são temporalidades e narrativas que compõem os sentidos neles inscritos. O autor ainda orienta pensar sobre a relação entre a mentalidade dita primitiva e o pensamento científico.

> Finalmente, os sociólogos que se perguntaram quanto às relações entre a mentalidade dita "primitiva" e o pensamento científico geralmente responderam invocando diferenças qualitativas no modo como o espírito humano trabalha em cada caso. Mas não questionaram que o espírito se aplicasse, em ambos os casos, aos mesmos objetos. [...] Talvez um dia descubramos que a mesma lógica opera no pensamento mítico e no pensamento científico, e que o homem sempre pensou igualmente bem. O progresso – se é que o termo se aplica – não teria tido por palco a consciência, e sim o mundo, em que uma humanidade dotada de faculdades constantes teria continuamente se deparado, no decorrer de sua longa história, com novos objetos. (Lévi-Strauss, 2012, pp. 330 e 331)

Esforcei-me até então para provar que os saberes populares, tradicionais e ancestrais são técnicas de conhecimento socialmente referenciadas. E são narrativas gerais que compõem o mito do baiacu na modernidade. Estão, pois, em pé de igualdade com os saberes científicos. Tratarei brevemente de acentuar como estes são, também, diferentes.

Manuela Carneiro da Cunha (2009, p. 303) afirma que, além dos resultados que são diferentes (de "levar à lua" ou de fazer um chá para curar uma dor de cabeça; entre construir usinas hidroelétricas para gerar eletricidade e de pescar no rio represado com ou sem peixe e levar o peixe para casa), muitas dimensões separam o conhecimento tradicional do científico. "Como se produz?" ou mesmo "Como se transmitem?" são perguntas que já determinam os caminhos pelos quais eles são diferentes.

> Não há dúvida, no entanto, de que o conhecimento científico é hegemônico. Essa hegemonia manifesta-se até na linguagem comum em que o termo "ciência" é não marcado, como dizem os linguistas. Isto é: quando se diz simplesmente "ciência", "ciência" *tout court*, está se falando de ciência ocidental; para falar de "ciência tradicional", é necessário acrescentar o adjetivo. (Cunha, 2009, p. 303)

Cunha, questionando sobre o que as ciências tradicionais podem apontar à ciência, mostra o contexto geopolítico que envolve a farmacologia científica e a empresarial e as suas contradições para com os conhecimentos tradicionais. "Com efeito, há um ramo forte da farmacologia que nega qualquer vantagem em se partir de produtos existentes na 'natureza'" (Cunha, 2009, p. 304).

> Esses farmacólogos refratários aos conhecimentos tradicionais argumentam em suma que mesmo que estes tenham mostrado a existência de princípios ativos, eles raramente são úteis para os mesmos fins para que foram tradicionalmente usados. O uso tradicional não seria o que acaba sendo o "verdadeiro" uso ou o mais importante. (Cunha, 2009, p. 305)

O mito da modernidade científica e sua estrutura perfazem os mesmos caminhos aqui que farão os mitos sobre o baiacu e sobre o risco absoluto de comê-lo e são o resultado desta matriz que queremos registrar enquanto iconográfica. O discurso científico que se diz socialmente referenciado (ainda resultando na questão da legalidade ou da ilegalidade jurídica) incorre em falhas e disjunções até que um novo paradigma seja empossado. Toda forma de conhecimento é superável por uma forma mais nova e desenvolvida.

Retomando a questão do mito e da unidade. A rica crítica de Jean Comarrof e John Comarrof (2010) aos estudos etnográficos completamente situados no local (na comunidade) e, também, aos estudos históricos de abordagem da ordem mundial, ou nacional (na sociedade), qualifica o encontro metodológico entre antropologia e história. Os autores discutem o mito a partir dos seus impactos duradouros sobre as ciências; em especial, as ciências sociais.

> O mito é deveras antigo, mas tem um impacto duradouro no pensamento pós-iluminista em geral e, especialmente, nas ciências sociais. Sejam elas clássicas ou críticas, uma celebração da modernidade ou uma denúncia de sua gaiola de ferro, essas ciências têm, ao menos até recentemente, compartilhado a premissa do desencantamento – o movimento da humanidade da especulação religiosa à reflexão secular, da teodiceia à teoria, da cultura à razão prática [...]. É claro que os antropólogos raramente ignoraram os efeitos sobre a disciplina de um legado evolucionista persistente [...]; ainda assim, ele permanece impregnado em nossos ossos, por assim dizer, com profundas implicações para nossa noção de história e nossas teorias do significado. (Comarrof & Comarrof, 2010, p. 5)

Desta forma, reconhecendo o mito como uma estrutura de versões históricas e podendo essas mesmas estar sujeitas a interpretações, passo a pensar na narrativa sobre os sentidos envoltos no mito do baiacu e do risco de comê-lo. Procuro, assim, analisar o conteúdo e o discurso contidos nos dois exemplos a seguir.

Inicialmente, adentrarei esse universo semântico a partir de um desenho animado bastante conhecido: *Os Simpsons*. No 11º episódio da segunda temporada, que no Brasil saiu com o nome de "Todo mundo morre um dia",[6] o personagem Homer se vê contrariado por perder sua "noite de sexta de costeletas de porco" para ir a um restaurante de comida oriental – um *sushi bar*.

O título original do episódio – *One Fish, Two Fish, Blowfish, Blue Fish* – poderia ser traduzido como "Um peixe, dois peixes, peixe-bola, peixe azul". No entanto, o significado atribuído ao baiacu (numa tradução livre de *blowfish*), além de poder ser "peixe-bola", guarda relação com a criptografia.[7] Ver-se-á que essa discussão tem um significativo valor para o entendimento geral do risco à vida humana.

No episódio, Homer surpreende-se com o sabor das variadas qualidades de *sashimis* que ele vê sendo preparadas à sua frente, fartando-se, como é de costume, acompanhado por sua família. Quando chega ao final do cardápio, ele pede o *fugu* ao atendente. Na cozinha estão um mestre e um aprendiz. O aprendiz não se sente confiante em preparar o *fugu* sozinho, e o mestre sai para resolver assuntos pessoais. Homer pede o prato ao atendente, que repassa o pedido ao aprendiz.

(Atendente): Sai um fugu.

(Aprendiz): Fugu *não! Se cortado de modo errado é... é...*

(Atendente): É! Eu sei que ele é venenoso, potencialmente fatal, mas se fatiado adequadamente pode ser muito saboroso, ouviu?

(Aprendiz): Eu vou buscar o mestre.

---

6   Vale destacar que utilizarei como referência a versão brasileira (dublada) para a transcrição das falas dos personagens e para realizar as interpretações relevantes para a discussão.

7   A criptografia pode ser definida como o estudo dos princípios e técnicas pelas quais a informação pode ser transformada da sua forma original para outra ilegível. Apenas a pessoa (detentora da "chave secreta" ou "senha") pode acessar a informação verdadeira. Esse mecanismo ajuda a criar um ambiente de maior segurança na internet. Dentro desse contexto, BLOWFISH é uma programação (um algoritmo) que pode ser usada em substituição ao DES ou IDEA (programas que criptografam as informações). Esse programa (BLOWFISH) toma uma chave de tamanho variável, de 32 a 448 bits, tornando-o ideal para aplicações tanto domésticas quanto comerciais. Foi desenvolvido em 1993 por Bruce Schneier como uma alternativa grátis e mais rápida para os algoritmos criptográficos existentes. É irônico como a expressão *blowfish* é tão ambivalente, significando segurança e risco, como pode-se ler navegando na internet.

Como o mestre estava ocupado, o aprendiz toma a faca e produz o *sashimi*. Homer come e adora. Em seguida, o mestre retorna e compreende imediatamente a gravidade do que ocorreu. Uma ambulância é chamada, e no Hospital de Springfield Homer e Marge ficam sabendo pelo dr. Hibbert que ele tem apenas mais 22 horas de vida.

Uma série de emoções que vão da angústia à extrema felicidade é gerada nas relações de Homer com a família, os amigos e até os "inimigos", enquanto o personagem se ocupa com uma "lista do que fazer antes de morrer". Quando finalmente ele consegue pôr em prática todos os itens da lista, desfalece, ouvindo seu *walkman* sentado em uma poltrona. Mais tarde, Marge – que nesse momento estava dormindo – percebe a ausência do marido na cama e, assustada, sai à sua procura. Encontra Homer e, após alguns instantes de tristeza, percebe que ele está quente, concluindo que ele está vivo, acordando-o com euforia. Homer desperta e percebe que o aprendiz aprendeu a fazer um *sashimi* de *fugu* não envenenado. Ao final do episódio, Homer declara: "Eu prometo viver plenamente".

Esse episódio de *Os Simpsons* mostra quanto o mito moderno do baiacu faz parte tanto da cultura pop e midiática quanto de um discurso científico e médico. Mais importante: que a avaliação sobre o risco à vida humana está sujeita à habilidade específica do mestre que prepara o pescado. Desta forma, fica explicitado que existe uma certa destreza em manejar instrumentos conforme aprendido nas tradições, como no caso de um *sushiman* que maneja facas afiadas para o preparo de pratos altamente especializados. Não pretendo supor com isso que qualquer saber tradicional é infalível; até mesmo um mestre pode errar. Contudo, um mestre não é assim chamado por acaso, e, ainda assim, existem formas de aprimorar os conhecimentos. Não são práticas que pararam no tempo; elas possuem uma historicidade e uma legitimidade social.

Retorno ao caso relatado na *Revista da Sociedade Brasileira de Medicina Tropical* (Pedro Neto *et al.*, 2010) como referência para uma maior complexidade sobre o nosso entendimento acerca do baiacu. Trazer múltiplos enfoques disciplinares e analíticos para acessar, dentro das possibilidades imagéticas do mito, as informações técnicas acerca das características biológicas e geográficas associadas ao baiacu, assim como o próprio discurso médico sobre o risco à vida humana.

> Os baiacus ou peixes-bola são peixes venenosos das famílias Tetraodontidae e Diodontidae, comuns na costa brasileira. São muito fáceis de identificar devido ao comportamento de aumentarem o volume corporal através da ingestão de ar ou água. Tal comportamento se justifica pelo fato do diâmetro do peixe aumentar e os predadores não poderem engoli-lo. Os baiacus mais importantes no Brasil são os baiacus-araras ou baiacus-lisos (*Lagocephalus* sp.) e os baiacus-pintados (*Sphoeroides* sp.). O primeiro gênero atinge até dois quilogramas de peso, mas os baiacus-pintados são menores chegando a pesar até um quilograma. A carne destes peixes tem bom sabor e é apreciada em determinadas regiões do Brasil [...]. Os gêneros acima pertencem à família Tetraodontidae e outros baiacus, que tem espículas recobrindo o corpo, são classificados na família Diodontidae. [...] Os baiacus são utilizados como fonte de alimento de maneira rotineira na área do acidente, como acontece em certas regiões do Nordeste. O peixe preparado pela família foi um espécime do gênero *Sphoeroides* (*Sphoeroides testudineus*) [...] e, para maior risco, as partes do peixe consumidas pela criança foram as vísceras, sabidamente capazes de conter maior concentração de TTX do que a musculatura. [...] Oliveira cols apontaram um maior risco de envenenamento após consumo de peixes do gênero *Sphoeroides*, o que foi confirmado por este relato de caso. Como fator importante para a discussão, **deve-se enfatizar ainda a alta frequência do consumo de baiacus na região e a total ausência de informações sobre a possibilidade de intoxicação por parte dos pescadores e suas famílias, uma contradição com a experiência adquirida pela população local ao longo dos anos.** Um agravante causado pela situação socioeconômica da população local é que os filés (que em potencial têm menor concentração de toxina, embora ainda sejam capazes de envenenar) são vendidos por preços razoáveis pelos pescadores, restando aos próprios e suas famílias subprodutos dos peixes, como as vísceras, onde as concentrações de TTX são maiores. (Neto *et al.*, 2010, pp. 92 e 93, grifo do autor)

O relato de que há "alta frequência do consumo de baiacus" e uma suposta "ausência de informações sobre a possibilidade de intoxicação" parece um alerta. Um alerta para o elevado risco à vida humana, embora em seguida seja citada a "contradição com a experiência adquirida pela população local". Tal contradição está localizada exatamente na estrutura do mito; com um discurso científico que tem algo que lhe confere credibilidade enquanto verdade inconteste e um saber tradicional que tem algo que o torna perigoso. Percebe-se que, para além do discurso sobre a ingestão das vísceras e do "umbigo" do baiacu,[8] em que estão a concentrações perigosas de veneno, há um belo filé de peixe que, além de ser pescado na região da Baixinha, é vendido no mercado a céu aberto. Na Baía de Todos os Santos (Andrade *et al.*, 2013) também há o registro do saber tradicional de tratar e comer o baiacu como uma iguaria da cultura culinária baiana. Mas, em especial, vale ressaltar a preocupação com o "umbigo" do pescado.

> O baiacu é um peixe venenoso devido à presença da neurotoxina tetrodotoxina (TTX) concentrada na pele, no fígado, no baço e nas gônadas. Para os pescadores da localidade de Baiacu, em Vera Cruz, na ilha de Itaparica, esta toxina se concentra numa estrutura do corpo que eles denominam "umbigo" [...]. (Andrade *et al.*, 2013, p. 101)

Quando combinei com Maria Benta de Jesus – moradora de Taperoá mais conhecida como Tutuca – de fazer uma moqueca de baiacu na casa dela, fiquei responsável por comprar o peixe sem ser tratado. Na feira de Taperoá, no centro da cidade, conheci um pescador que, além de pescar o baiacu, vende-o. Pedi-lhe 2 quilos e disse que queria sem tratar. Ele olhou seriamente para mim e perguntou:

---

8   O "umbigo" do baiacu é um dos itens que precisam ser retirados do peixe quando tratado para eliminar a toxina. Aprendi isso com Maria Benta de Jesus, a Tutuca. A próxima seção do artigo apresenta a forma tradicional e a técnica de limpar o pescado. Mas, conforme ressaltado anteriormente, não se trata apenas de um conhecimento técnico mas, também, de uma confiança que é depositada naquela mestra determinada.

(Pescador comerciante): Tem certeza que você não quer que eu trate?

(Eu): Tenho. Eu vou precisar deles inteiros para documentar a forma de preparo. Estou fazendo uma pesquisa sobre a moqueca de baiacu.

(Pescador comerciante): Rapaz... e a pessoa que vai tratar sabe tratar?

(Eu): Sim. Eu mesmo já comi antes na casa de Tutuca e de seu Flor, na Baixinha...

(Pescador comerciante) Ah! Então não tem problema... eles lá é que bem sabem.

Em seguida, ele deu risada e embalou o peixe para eu levar. O baiacu que se pesca e se come na Baixinha é o chamado baiacu-pintado (categoria nativa para o *Sphoeroides* sp.). Em conversas na região me falaram que há também o baiacu-ará, vinculado à pesca oceânica, o baiacu-mirim ou "feiticeiro", que não serve para o consumo pois libera toxinas através da pele na hora em que é retirado da água em redes, e o baiacu-de-espinho, que tem pouca carne. Os dois últimos são atirados de volta ao mar.

Desta forma que a ocorrência desse saber popular, ancestral e tradicional (o modo de pesca, de tratar, de preparar e de comer o baiacu) nos revela que os discursos e saberes precisam ser entendidos sem nenhuma hierarquia conceitual formal, pois são complementares, mesmo se em disputas de legitimidade ou de representação mais geral. No Japão e em vários restaurantes tipo *sushi bar* existem técnicas de usar o próprio veneno como parte dos ingredientes para o *fugu* – dizem que adormece a boca. Não é o caso do saber existente na Baixinha e região. As vísceras e o umbigo com veneno são retirados e descartados (enterrados).

A MOQUECA DE BAIACU: UMA EXPERIÊNCIA ETNOGRÁFICA REVELADORA

O dendê é um ingrediente primordial na cultura culinária da região; não é à toa que se conhece como Costa do Dendê. Na Baixinha, uma diversidade de formas de moqueca me foi apresentada: de zoiúdo,[9] de testículo de boi, de taioba, de caranguejo, de aratu, de ostra, de feijão,[10] de peixe-espada, de caroço de jaca e de baiacu, entre outras. Além desses ingredientes principais, acham no quintal (ou compram no mercado) tomate, cebola, pimenta, alho, biri-biri,[11] coentro, cebolinha, folha de figo e coentro largo, entre outros. Associando leite de coco, sal e azeite de dendê, é obtida uma moqueca muito forte e nutritiva – sem esquecer que é deliciosa.

Tutuca me mostrou como tratar e preparar o baiacu na forma de uma moqueca (foto 26). Assim que cheguei à casa, como combinado, iniciamos o trabalho de tratar o peixe (foto 27). Liguei o gravador, observei, ajudei de algumas maneiras, tirei fotos e fiz algumas perguntas. Estavam presentes, além de mim e de Tutuca, o marido (seu Flor) e Tati (minha amiga e pesquisadora formada em Gênero e Diversidade pela Universidade Federal da Bahia), bem como outros que iam aparecendo, chegando e saindo, como filhos, netos, nora, etc.

A maneira de tratar o baiacu apresentada por Tutuca seguiu estes passos:

- corta-se a pele da barriga, separando-a até a cauda;
- com a faca abaixo da cabeça, abre-se a barriga, para expor as vísceras (foto 28);
- puxa-se a pele nas costas do peixe, retirando-a na cauda;
- abre-se o peixe, para retirar as vísceras;
- retira-se o "umbigo" (foto 29);
- lavam-se os "filés" do peixe em duas ou três bacias de água com limão.

---

9   Faz-se com ovos e é também complemento (proteína) a outra moqueca.
10   Faz-se com um feijão ou feijoada "dormida". Desfiam-se as carnes e prepara-se a moqueca. Pode botar leite de coco ou não.
11   Fruta muito comum na região e muito utilizada na culinária baiana.

Desta forma, elimina-se a toxina, tornando o pescado apto para o consumo.

Antes de iniciarmos a preparação da moqueca "propriamente dita", separamos e organizamos os ingredientes (foto 30), e o baiacu já tratado e devidamente limpo foi arrumado para ficar com a barriga para cima na panela. Aí tivemos tomates maduros, pimenta-de-cheiro, pimentão, cebola, biri-biri, limão, coentro, coentro largo, azeite de dendê e sal a gosto. Após a montagem camada por camada (foto 31), foram colocados leite de coco fresco e mais dendê. Assim a panela foi ao fogo, e em quarenta minutos a moqueca ficou pronta.

O almoço foi servido com outros pratos feitos em outras casas, por outras mulheres – um almoço coletivo, como é costume entre a vizinhança.

Conforme preparávamos a moqueca de baiacu, eu ia conversando com Tutuca, seu Flor e os outros. Desta experiência, trago alguns diálogos que são importantes para pensarmos sobre os significados que giram em torno do mito do baiacu, da moqueca de baiacu e do risco à vida humana.

> *(Tutuca): Mas não é difícil tratar, não. O mito do povo é que mata mais*
> *ainda.*
> *(Eu): O mito do povo?*
> *(Tutuca): É! Se o povo tem esse mito de que o baiacu mata... mata... mata...*

∗∗∗

> *(Eu): E faz o que com as vísceras e com os umbigos?*
> *(Tutuca): Aí a gente enterra, pois se deixar as galinhas e os porcos comem*
> *e podem morrer.*

∗∗∗

> *(Eu): E quem foi que te ensinou a tratar, Tutuca?*

(Tutuca): Foi minha mãe. Vendo minha mãe pescar e tratar.

(Eu) Então é um saber que existe aqui na região?

(Tutuca) É. Mas não é todo mundo que sabe, né?

(Seu Flor): Não é em todo lugar que eu como, não. Se comer, morre, viu! Se deixar somente um [o baiacu tratado e lavado] com umbigo, mata uma família de gente. Se comer, morre, viu.

(Tutuca) É! Não é em todo lugar que a gente pode comer, não.

(Filho mais velho de Tutuca): Eu morro fácil, fácil, pois eu como em todos os lugares [risos].

(Seu Flor): Eu faço assim: eu, quando chego num lugar e tem moqueca de baiacu, eu espero uma ou duas pessoas comerem... se não "entontarem"... eu como!

(Tutuca): Mas também não é todo mundo que lida com baiacu, né? Tem aquelas pessoas que fazem isso [como trabalho], e a gente sabe quem é.

(Eu): Vocês, além de tratarem e comerem, vendem?

(Tutuca): Não, mas tem umas pessoas aqui que vendem.

***

(Eu): Tutuca, você conhece histórias de pessoas que morreram por comer baiacu?

(Tutuca) Eu já vi mesmo na televisão. Mas aqui por perto, não. Tem assim: a gente se lembra de uma história que é da época da minha mãe. Eu conheço mesmo o caso de uma pescadora que pegou um baiacu-ará bem grande, e quando eles estão grandes o fígado fica bem apetitoso também. Ela comeu o fígado e passou mal, ficou tonta. Esse é o único caso que eu sei.

Note-se que, em termos do risco de comer o baiacu, quase todos têm o interesse de procurar minimizá-lo a partir de um sistema baseado na confiança e na prática da comensalidade. Mantém-se, assim, um potencial de formação de mestras e mestres para tratar e preparar o peixe. Como no caso de Tutuca, que aprendeu com sua mãe – observando-a – e hoje é reconhecidamente uma mestra no preparo de baiacu. Um saber tradicional que, quando bem manejado, possibilita comer um prato que pode matar, mas que é delicioso.

E não é só isso: o modo de preparo de suas receitas é invariavelmente a repetição de "pratos de azeite". Perguntei-lhe sobre o azeite de dendê, e Tutuca respondeu: "Ah! O azeite tem em tudo, pra comer ["pratos de azeite"] e pra reaproveitar em outras comidas [como a moqueca de feijão]".

Por isso que, entre o mito e a iconografia do baiacu, não podemos esquecer o papel das mestras e dos aprendizes, que possibilitam, com seus saberes socialmente referenciados, enriquecer ainda mais a culinária baiana. Contudo, não se deve perder de vista que há um risco calculado. Talvez a última fala de Tutuca possa ser como a própria estrutura do mito: com contradições, certa imprecisão geográfica e histórica, mas que, no entanto, são verdadeiras e reais.

Antes de ser iniciado o almoço, fui à casa de outra senhora da comunidade, dona Maria. Chegando lá, conversamos sobre alguns assuntos, e perguntei se ela iria para o almoço. Então, chegou um sobrinho dela de moto. Cumprimentamo-nos, e sucederam-se alguns minutos de conversa. Ele me disse que mora e trabalha na "roça" (na zona rural, bem afastada da cidade de Taperoá), que tem um sítio e que também trabalha nas fazendas da região em tempos de colheita.

Perguntei-lhe se ele comia baiacu, e seguiram-se estas falas:

(Sobrinho de dona Maria): Claro! Mas não da mão de qualquer pessoa.
                          Pra quem sabe preparar é uma delícia. Mas
                          também tem que ver o lado de estar atento à
                          "trairagem".
(Eu): Como assim, "trairagem"?

(Sobrinho de dona Maria): Além de saber fazer, temos que saber da mão de quem estamos comendo. Vai que alguém prepara errado pra te pegar na "trairagem".

Esta última fala me chamou muito a atenção, pois o risco de comer baiacu precisa ser calculado de maneira a prevenir também um envenenamento com dolo. Parece oportuno voltar às conclusões de Mauss (2013) sobre a dádiva.

> A dádiva, portanto, é ao mesmo tempo o que se deve fazer, o que se deve receber e o que, no entanto, é perigoso tomar. É que a própria coisa dada forma um vínculo bilateral e irrevogável, sobretudo quando é uma dádiva de alimento. O donatário depende da cólera do doador, e cada um depende do outro. Assim, não se deve comer na casa do inimigo. (Mauss, 2013, p. 286)

Finalmente, sentamos todos para comer: crianças, jovens e adultos. A mesa estava bastante diversificada (foto 32), e havia comida para todos. Foi um banquete. E eles e elas não expressavam um segundo sequer de dúvida para comer o baiacu, mas eu lá no fundo tinha medo. O mito é confuso e verdadeiro. Comer as vísceras, o "bofe", o fígado ou mesmo o "filé", se não retirado o "umbigo", mata, e por isso o receio de ingerir esse pescado se sustenta. Afinal, consumir o baiacu aprontado por outrem tem lá seus riscos. Contudo, no contexto de uma comunidade com saberes tradicionais e ancestrais bastante enraizados e cotidianos, em que acontecem esses sistemas de prestações totais – que já explicamos serem relativos aos interesses das pessoas em manter uma consideração (Pina-Cabral & Silva, 2013) que envolve um conhecimento técnico e tradicional de tratar feminino, comensalidade, confiança e precaução –, comer baiacu não é mais que um hábito.

CONCLUSÃO: COMER BAIACU É UM RISCO VERDADEIRO À VIDA HUMANA?

Sim, é um risco efetivo. Mas temos que considerar o contexto no qual esse risco é mínimo ou nulo. Tais contextos são certamente garantidos em sistemas alimentares de prestações totais em que consideração e confiança se misturam, tal qual é a prática de comensalidade de fazer uma refeição em família ou com a vizinhança na Baixinha. Esses sistemas são culturalmente orientados por uma matriz africana em face de suas próprias conquistas históricas. A ação da política nacional foi de garantir uma cidadania de segunda classe às negras e aos negros no período pós-Abolição, o que os impulsionou a se adaptarem e serem criativos, resultando numa rica e complexa cozinha afro-baiana. Em destaque, temos a utilização do dendê nos "pratos de azeite", que são o básico de qualquer refeição na região.

Não devemos perder de vista que a estrutura do mito do baiacu é complexa, variada e sujeita a reinterpretação. Sabemos que é possível minimizar ou anular o perigo de ingerir a tetrodotoxina por meio de saberes e técnicas tradicionais e que estas são executadas há dezenas, centenas ou mesmo milhares de anos, a depender de qual sociedade tropical e costeira se esteja falando. Há certamente aqueles que desafiam o perigo e comem em "qualquer lugar" – ou melhor, de mãos desconhecidas e sobre as quais não se sabe se são bem treinadas na arte/técnica de preparar o peixe. No entanto, o mais comum é procurar minimizar esses riscos, seja por medo de imperícia, seja por medo de uma "trairagem".

Desta forma, afirmo que existe um circuito que envolve doação de alimentos, a prática da comensalidade, uma rede de mestras que são confiáveis na preparação do baiacu e, ainda, o receio presente em toda a narrativa do mito e que se atualiza quando confrontamos o "inimigo". O mito do risco de comer baiacu é um alerta importante. Todos devem estar atentos para ingerir o pescado de maneira cuidadosa e, quando o fizerem, que seja das mãos de alguém em quem se confie. Fora de tal acepção, parece-me simplista e preconceituoso não levar em consideração um saber tradicionalmente referenciado.

REFERÊNCIAS

ANDRADE, J. de *et al.* (orgs.). *Atlas da culinária da Baía de Todos os Santos.* Salvador: Edufba, 2013.

COMARROF, J. & COMARROF, J. "Etnografia e imaginação história". Em *Proa*, 2 (1), 2010.

CUNHA, M. C. da. "Relações e dissensões entre saberes tradicionais e saber científico". Em CUNHA, M. C. da. *Cultura com aspas e outros ensaios.* São Paulo: Cosac Naify, 2009.

FERREIRA, A. B. H. *Novo Aurélio século XXI: o dicionário da língua portuguesa.* 3ª ed. Rio de Janeiro: Nova Fronteira, 1999.

GEERTZ, C. "Do ponto de vista dos nativos: a natureza do entendimento antropológico". Em GEERTZ, C. *O saber local: novos ensaios em antropologia interpretativa.* 12ª ed. Petrópolis: Vozes, 2012.

LÉVI-STRAUSS, C. "A estrutura dos mitos". Em LÉVI-STRAUSS, C. *Antropologia estrutural.* São Paulo: Cosac Naify, 2012.

LODY, R. *Bahia bem temperada: cultura gastronômica e receitas tradicionais.* São Paulo: Editora Senac São Paulo, 2013.

MAUSS, M. "Ensaio sobre a dádiva". Em MAUSS, M. *Sociologia e antropologia.* São Paulo: Cosac Naify, 2003.

NETO, P. L. S. *et al.* "Envenenamento fatal por baiacu (Tetraodontidae): relato de um caso em criança". Em *Revista da Sociedade Brasileira de Medicina Tropical*, 43 (1), jan.-fev. de 2010.

OS SIMPSONS. "Todo mundo morre um dia". Desenho animado. 2ª temporada, episódio 11. Disponível em http://www.animeai.net/?p=221736. Acesso em 28-3-2016.

PINA-CABRAL, J. de & SILVA, V. A. da. *Gente livre: consideração e pessoa no Baixo Sul da Bahia.* São Paulo: Terceiro Nome, 2013.

Pescado social: peixes e mariscos no cotidiano da comunidade quilombola de Bananeiras, Ilha de Maré

*Lílian Lessa Andrade, Tereza Cristina Braga Ferreira
e Mariel Cisneros López*

A comunidade quilombola de Bananeiras, da Ilha de Maré, município de Salvador, é um canto com história brasileira que sustenta esta aventura interdisciplinar.

Na busca por conhecer os *links* criados entre uma população tradicional extrativista e o mar, percebemos o tecido das complexas tramas dos fenômenos sociais da vida dos pescadores, das marisqueiras e de suas famílias nesse pedaço de terra baiana. A percepção prévia era a mariscagem se configurar como uma atividade eminentemente feminina, o que foi desconstruído nessa investigação.

O encontro interdisciplinar de três olhares diferentes (arte, nutrição e antropologia) nos encaminhou a delinear as experiências do cotidiano segundo a percepção da comunidade. Vamos compartilhar as formas em que a memória coletiva delimita a vida associada ao mar; os aprendizados; a criação de conhecimento; os cuidados e a transmissão dos costumes para filhos, netos e bisnetos das famílias de Bananeiras, pelos olhos da experiência criada num período de tempo entre essas pessoas e as autoras do presente texto.

Esta vila de pescadores e marisqueiras está certificada como CRQ[1] desde 2004 pela Fundação Palmares e tem aproximadamente 800 habitantes, segundo informações obtidas dos moradores locais. Atualmente, das onze localidades da ilha, as cinco reconhecidas por essa fundação como territórios quilombolas são Bananeiras, Praia Grande, Martelo, Ponta Grossa e Porto dos Cavalos (Fundação Cultural Palmares, 2015). Alguns dados obtidos sobre a Ilha de Maré (Risério, 2004) verificam que foi povoada por indígenas e logo se constituiu em refúgio de escravos que fugiram dos engenhos próximos. Bananeiras tem cinco gerações nascidas nessa terra; poderíamos dizer, então, que atualmente está habitada por uma população evidentemente mestiça. Esse dado fez da pesquisa um evento muito provocativo, já que a miscigenação envolve todos os fatos da vida cotidiana, e pensamos que define a cultura dessa população na relação com a vida à beira do mar.

A ilha pertence ao município de Salvador, mas nem todas as suas partes estão integradas ao circuito turístico. O nome da comunidade vem da quantidade de plantações de bananas nessa área, que possui energia elétrica e água potável, embora careça de serviço de esgoto. Em relação às tecnologias da comunicação, o sistema de telefonia fixa não é bom, e dentre as operadoras de telefonia móvel disponíveis em Salvador funcionam duas delas precariamente, assim como a internet. Tal situação define as relações e as ligações dessas famílias com a vida no continente, pela forma como recebem as notícias, informações e novidades que acontecem fora da ilha.

A vila se organiza em estreitas ruazinhas que separam as casas, sem passeios, onde o espaço público e o privado convivem com naturalidade e a intimidade tem um valor totalmente diferente do de um povoado ou de uma cidade organizada pela administração pública. O sentido estético da comunidade também se manifesta na ocupação e na distribuição da terra (Cisneros López & Andrade, 2015).

---

1   Comunidade Remanescente de Quilombos.

No que tange ao atendimento e ao bem-estar dos moradores, Bananeiras conta com uma agente comunitária de saúde (ACS) pertencente ao Centro de Saúde de Praia Grande. Para os moradores, porém, tal centro fica distante, e a instalação de um na vila é uma reivindicação comum. Apesar de a ilha estar incorporada à Unidade de Saúde da Família (USF) do Subúrbio Ferroviário, é pouco frequente a presença dos médicos na vila, bem como de outros profissionais da saúde. A ACS acompanha o crescimento das crianças e comunica ao Centro de Saúde de Praia Grande as ocorrências relacionadas aos moradores de Bananeiras.

As instituições da área educacional consistem em uma escola municipal e uma creche comunitária que atende por um turno as crianças, antes da entrada delas na escola da prefeitura. Meninos e meninas que já estão na escola lá permanecem no turno oposto ao da creche, permitindo às suas mães o trabalho com a mariscagem. Quando não estão na escola ou na creche, acompanham-nas na maré; ficam por perto, tomando banho de água salgada, catando marisco aqui e ali, aprendendo a interpretar os sinais da natureza e a identificar onde as presas se escondem sob a areia da praia. Os adolescentes que decidem estudar para continuar sua formação têm que atravessar o mar, diariamente, e assistir às aulas no centro de Candeias, em São Sebastião do Passé ou no bairro de Paripe, na cidade de Salvador.

A vida na ilha tem características de convivência das pequenas comunidades afastadas dos grandes centros urbanos. As famílias se ajudam nos momentos de necessidade e desenvolvem sua cultura comunitária num processo criativo que abrange os saberes e fazeres de cada um dos moradores. O sentir coletivo tem raízes ancestrais associadas à vida no mar; trabalho e prazer se combinam nos momentos da mariscagem. "Mariscar é bom! Ir pra praia, pescar todos juntos, com filhos, amigos, vizinhos...", diz dona Vilma.

O tempo é compreendido como organizador da vida em relação aos fazeres das atividades no mar; a ordem natural dos fatos está determinada pelos cânones do relógio biológico da natureza. Na contemporaneidade, a adaptação dessa cultura ao padrão atual de consumo da sociedade urbana define aspectos da complexidade dos processos da cultura brasileira.

PESSOAS E LUGARES

Falar das pessoas de Bananeiras significa falar histórias de água, pescado, amor, família e misticismo. Essas histórias se encontram repletas de lendas, e o pensamento mágico está envolvido nas respostas de cada um dos seus questionamentos. As vozes repetem palavras de elogio para com as forças sobrenaturais que administram a vida espiritual e os destinos das pessoas da vila. "Pescaria é aventura – hoje eu pego 100 quilos e amanhã eu não pego nenhum peixe. Aí a gente tem que agradecer a Deus e esperar para depois de amanhã", afirma seu Djalma.

A fé em Deus acompanha a comunidade, e a ele são atribuídos todo o sucesso da pesca e a garantia da sobrevivência, bem como amparo e consolo nas situações difíceis.

A maioria dos moradores é formada por pescadores e marisqueiras. As atividades de pescar e mariscar têm representações várias na vida dessas pessoas. Significam não apenas obter alimentos para sobreviver; são também uma fonte de prazer, segundo eles mesmos falam. Nos encontros na rua, nas reuniões e até na igreja, as falas sobre o mar, a maré e a vida nesse lugar têm continuidade, dando sentido aos fatos que acontecem no dia a dia. Mariscar também é ganhar dinheiro vendendo os frutos do mar para comprar outros produtos; sustentar; educar e vestir a família; arrumar uma casa e organizar a vida com esse recurso. Os universos masculino e feminino se misturam no mar, sendo essa forma líquida a que organiza as vidas dessas pessoas, todos os relacionamentos, amizades, casamentos, economia, gastronomia, lazer e religião. Estes se definem a partir da vida perto do mundo marinho.

Em ocasiões, os homens fazem trabalhos em Salvador e em outras cidades como ajudantes de pedreiros, garçons ou assistentes de cozinha em restaurantes; no entanto, nos finais de semana colaboram na pesca artesanal para melhorar a renda do grupo familiar. Quando a maré não dá frutos suficientes, uma das atividades adotadas mais frequentemente é sair da ilha para procurar outros trabalhos e conseguir dinheiro seguro no final do mês. Algumas mulheres no inverno preferem dedicar seu tempo trabalhando como faxineiras fora da ilha. Com essa forma de entender a organização social, todos trabalham com a percepção da unidade comunitária, inseridos no sistema capitalista misturado com sua herança antiga de pertença quilombola e indígena.

Esse povo tem poucas possibilidades de arranjar outros empregos para produzir dinheiro dentro da ilha que não a pesca artesanal. Não há fábricas, bancos, nem grandes superfícies de venda de mercadorias; as colocações potenciais a serem preenchidas são como professor ou professora, agente comunitário da saúde, funcionário da limpeza pública, proprietário de pequenas lojas (bares, mercearias e outras barracas instaladas nas próprias casas onde moram), barqueiro – para levar as pessoas da ilha para o continente e vice-versa ou para outros povoados da ilha – e atravessador. Esta última função é formada por pessoas que compram a produção artesanal para revendê-la em restaurantes ou casas particulares, utilizando contatos que os pescadores/marisqueiras individualmente não possuem.

Entrar na ilha e dela sair apresentam alguns problemas; os vizinhos que não têm barco precisam alugar pequenas embarcações a motor pagando cinco reais[2] aos barqueiros por cada viagem completa. O embarque e o desembarque acontecem diretamente na água. A localidade não tem atracadouro, e os riscos e dificuldades para o processo alteram-se segundo o subir e o descer da maré. Existe atracadouro em localidades da ilha com

---

2   Valores de dezembro de 2015.

maior desenvolvimento turístico, no seu lado oeste, na frente da própria Baía de Todos os Santos. Um transporte sai do continente a partir do terminal marítimo de São Tomé de Paripe rumo a Botelho e Praia Grande (Cisneros López & Andrade, 2015). Nesses pontos, o atracadouro recebe muitas pessoas por dia.

É a pesca a única atividade produtiva independente que pode ser feita o ano todo. Maurícia destaca a tranquilidade que sente ao receber dinheiro dia a dia:

> Eu fico muito feliz, muito feliz... Eu criei meus três filhos com isso aqui. Isso aqui se a gente catar assim não falta o pão da semana, e trabalho... A gente tem que trabalhar o mês todo para conseguir o dinheiro no fim do mês para poder fazer alguma coisa grande, e marisco não, a gente cata agora, daqui a pouco vem uma encomenda, aí você já tem o dinheiro pra comprar um pão, uma farinha se faltar; é bem mais fácil. (Andrade, Ferreira e Cisneros López, 2015)

As mulheres da ilha têm a beleza e a força das mulheres baianas. Dedicam a vida toda à sua família e à mariscagem (foto 33), e sua energia vital se manifesta nessa área de desenvolvimento. Mariscar está associado também a momentos de crescimento pessoal determinados pelo grupo de idade; encontrar marido, criar uma família, arrumar uma casa, ter filhos e cuidar de tudo isso formam parte das temporadas compartilhadas na maré. Esses valores femininos se reproduzem naturalmente entre elas, sendo a educação profissional um tema secundário.

Elas preferem ser reconhecidas como marisqueiras a donas de casa; orgulham-se de exercer esse título e gostam de se apresentar assim. A condição de dona de casa representa um compromisso inerente à sua condição feminina – mulher, filha, esposa e mãe; é a contribuição na criação dos próprios filhos ou de outras mulheres da comunidade, tarefa comumente aceita por elas. Ser marisqueira é uma escolha pessoal que se exalta nesta sociedade micro.

As ativistas que participam do movimento de pescadoras e pescadores artesanais viajam pelo Brasil e pelo mundo representando os interesses dessas pessoas, lutando pelos direitos de sua condição laboral. Quando retornam, participam das atividades no mar e no mangue, difundindo os resultados, avanços e retrocessos, numa troca horizontal de conhecimentos e experiências do mundo e do local.

Ainda não temos dados sobre as motivações de algumas famílias para estimular as filhas a entrar na universidade, mas as mulheres preferem se consagrar à família e à maré a estudar e sair da ilha. A vida envolvida na maré é um casamento com a natureza que requer uma *expertise* especial que todas apreendem na própria casa. A força da ancestralidade se manifesta nesse tipo de decisão, sendo a comunidade um lugar seguro para crescer nesses apegos.

As crianças da ilha são criadas pelos parentes ou por grupo doméstico amplo em que moram juntos mãe, pai, avós, tios, primos, filhas e filhos adotivos da unidade básica que se formou a partir de uma família nuclear há muitos anos.

O repertório cultural dessas pessoas inclui o sentido de solidariedade até para criar os filhos. Seja para estudar, brincar, nadar, seja para cuidar dos animais de estimação, o desenvolvimento dos menores é responsabilidade do grupo familiar. Tal concepção histórica é levada em conta nessas populações pequenas, e cada um é atrelado numa corrente de responsabilidade que define o comportamento de várias gerações. Diante da difícil tarefa da criação dos "filhotes", os argumentos e as regras adotados têm a ver com os conceitos ancestrais e os valores referentes à adaptação da alimentação, da escolarização e da educação para a vida dentro da comunidade, na ilha. Todos esses fatores somados fazem parte da cultura comunitária desse grupo quilombola mestiço.

Na área central do povoado há um terreiro que virou campo de futebol. Ali se realizam jogos e campeonatos nos horários da maré baixa – pois ela rege também os momentos de lazer, encobrindo com espelho d'água essa área e limitando os tempos para praticar o esporte. Provavelmente o entusiasmo dos jovens em realizar atividade física foi o que os levou a adaptar uma residência particular com a finalidade de criar um centro esportivo onde se encontram para praticar regularmente exercício físico, sobretudo levantamento de peso. Nessa improvisada academia, a partir de orientações próprias, eles treinam com o objetivo de aumentar a massa muscular nos braços, nas costas, no tórax e nas pernas. Os modelos estéticos de beleza masculina que promovem a moda brasileira são testados em tais práticas.

Os rapazes têm várias atividades sociais além das que implicam estudar ou acompanhar seus pais na maré. Nas visitas feitas à ilha encontramos a garotada brincando com galos, cuidando deles e alimentando-os nos quintais de suas casas; passeando com passarinhos em gaiolas; olhando para o mar na praça localizada no passeio marítimo da entrada ao povoado. A vida dos mais novos – como a da maioria dessas pessoas – é feita em espaços compartilhados, cercados e governados pela natureza.

HÁBITOS ALIMENTARES

Os moradores de Bananeiras pescam vários peixes: tainha, pescada, carapeba, baiacu, sardinha; e capturam sarnambi, sururu, ostra, rala-coco, siri (foto 34), camarão. O trabalho da pesca artesanal é o que dá sustento e permite a compra de outros alimentos, segundo Maurícia: "O trabalho é o que compra o pão de cada dia".

O pescado é, então, a principal alimentação dessa comunidade, normalmente em preparações fritas ou como moqueca, que quando elaborada com o peixe fresco não leva leite de coco – somente o dendê é utilizado, sendo o responsável pelo sabor do prato, na opinião de quem cozinha. Só colocam leite de coco quando utilizam peixe congelado de muito tempo, por ser considerado ressecado.

Comer pimenta para um quilombola tem um significado diferente em relação a outros baianos. Representa um componente indispensável e não apenas um condimento que realça o sabor de um prato. Antes disso, caracteriza o prato e o identifica. "Outro ingrediente que não pode faltar é a pimenta", afirma dona Mirinha.

Em nossa experiência à mesa com quilombolas, quanto mais a pessoa resiste à sensação picante (sem chorar, tossir ou produzir coriza), mais forte é considerada. Quando se fala que na preparação há pouca pimenta, de fato a quantidade é excessiva para quem não dispõe da suficiente adaptação a essa sensação gustativa. São utilizadas pimentas já no cozimento de pescados e em molhos frescos elaborados com pimentas verdes e maduras (colhidas no quintal) e adicionados em peixes fritos. Peixe, pimenta e farinha de mandioca constituem os ingredientes da mesa nessa comunidade. A farinha acompanha livremente todos os pratos, como farinha seca, pirão ou farofa, seguindo a tradição baiana (foto 35).

Além do pescado, o dia a dia alimentar é representado por feijão, arroz ou macarrão, farofa, carne de boi ou frango. As hortaliças são pouco referidas; quando utilizadas, aparecem com maior frequência em preparações cozidas, a tal ponto de haver afirmação, por seu Djalma, de que "pessoa não é lagarta para comer folha".

Como salada, mencionam apenas alface com tomate. Seu Djalma fez uma horta nos arredores da casa, na qual planta couve, quiabo, morango, dentre outros hortifrutícolas, protegida por cerca de bambu, para que animais como cavalos, galinhas e bodes não destruam a plantação. Vários vizinhos já fizeram queixas da anarquia e da extrema liberdade que os animais têm, andando pelas ruazinhas, comendo e destruindo os cultivos.

Sobre o consumo de bananas, pode-se pensar que a região é rica na produção dessa fruta, mas atualmente o plantio é bem menor que o de outrora. Outras frutas são colhidas especificamente em uma única safra anual, como manga, caju, tamarindo e jaca.

Nos dias de festa, fazem-se salgadinhos fritos e assados característicos dessas celebrações, porém utilizam-se como recheios os mesmos pescados e mariscos consumidos no cotidiano. Nos aniversários, são servidos salgadinhos e empadas com recheio de siri, marisco, camarão, além dos docinhos tradicionais. E, quando se oferece refeição, é comum preparar e servir churrasco com feijão tropeiro, salada e arroz ou feijoada e seus acompanhamentos (foto 36). Nesses momentos, os amigos se reúnem para os preparativos: mulheres cuidam da cozinha tratando pescados e demais ingredientes, enquanto os homens bebem e cuidam das crianças.

Ao fazer o trabalho de campo e durante a coleta de dados, chegando por lá num dia de festa de aniversário, acompanhamos família e amigos de dona Vilma e seu Djalma – casal que abriu as portas de sua casa ampla para desenvolver conosco assuntos de interesse comum entre eles e nossa equipe de pesquisa – trabalhando no preparo dos alimentos. Peixes de diversos tamanhos eram tratados numa grande bacia no quintal, onde as mulheres compartilhavam um banco de madeira, enquanto ao lado outras tratavam os mariscos preparando-os para o cozimento.

Em outros eventos realizados pela comunidade, as comidas compartilhadas são a moquecada, caracterizada pelo hábito de cada pessoa levar um prato pronto de moqueca e todos serem servidos juntos, e a mariscada, em que cada um leva peixe fresco ou mariscos e juntos preparam e degustam os pratos.

Em Bananeiras, alguns homens também mariscam, saindo do padrão e entrando numa modalidade nova de integração das atividades cotidianas no mar. Fazem, então, um verdadeiro *pescado social*, às vezes levando bolacha, água, "feijãozinho", farofinha de carne do sertão frita e frutas.

A vida tem um valor que se reflete em sua cotidianidade à beira-mar e na interação entre a água e o homem. A atividade laboral está sempre aliada ao fazer a comida, às formas de comer, temperar e compartilhar. Os espaços público e privado se misturam desde a maré até a cozinha; a comunidade é uma grande família que compartilha a fome e a comida tanto quanto os aprendizados que acontecem e se difundem desde o mar até o lar. A vida ao redor da maré é necessariamente coletiva e coletivizada, o que traduz afetos nesses lugares cheios de histórias ancestrais.

O SENTIDO DA PESCA E DO PESCADO

O peixe fresco, capturado no mesmo dia, ou um marisco antes de ser congelado apresentam características sensoriais diferentes das de pescados congelados. Quem vive à beira do mar e do mangue sabe bem o que é isso. Para a ciência da nutrição, o teor de nutrientes pode ser mensurado, mas para pescadores e marisqueiras outros valores estão envolvidos.

O pescado é a principal fonte de renda dos moradores de Bananeiras, além de servir como alimento para consumo habitual e festivo. Forma parte da vida dessas pessoas, e as habilidades adquiridas com os instrumentos artesanais de pesca e mariscagem, bem como o conhecimento específico e a sensibilidade para a identificação de sinais da natureza e dos hábitos dos animais marinhos, possibilitam a sobrevivência nas proximidades da maré.

As marisqueiras, com um balde e uma colher, podem tirar seu sustento em qualquer lugar em que haja maré. Nesse lugar, elas são donas de si e estão integradas ao que a natureza oferece. Maurícia diz que já trabalhou em casa de família, mas gosta mais do trabalho da pesca. Enquanto catava, apontou para a bacia de siri e falou: "Sou muito feliz... Abaixo de Deus, o que ajudou a criar meus filhos foi isso aqui; é isso aqui até hoje".

Mães, filhas, filhos e amigas vão juntos para a maré, que pode ser grande ou pequena (foto 37). A depender da lua e da estação, aumenta a extensão da área disponível para captura de mariscos. Pode ser "cedeira"[3] ou ficar baixa mais tarde. Todo esse universo encontra-se integrado, e elas conhecem os horários adequados para o trabalho nesse lugar. Quando começa a encher, é hora de correr, cavar com a maior velocidade que

---

3   É considerada cedeira a maré que atinge a baixa-mar nas primeiras horas da manhã, exigindo que o trabalho da mariscagem se inicie mais cedo.

conseguirem, pois a água sobe e elas têm que fugir, sobretudo em locais onde bancos de areia formam ilhotas temporárias com a vazante da maré. As ameaças e os perigos da vida no mar são apreendidos desde pequenos. A relação com essa vida no mar está sujeita aos saberes que elas mesmas possuem e dominam; os limites do corpo cansado, a resistência ao sol, à chuva ou ao vento são fatores que só elas podem determinar. O cansaço e o desgaste físico não implicam baixa qualidade de vida; "catar o pão de cada dia" é uma premiação.

No trabalho na maré, cantam, conversam, fazem piadas, dividem a farofa, o biscoito, a banana cozida ou qualquer alimento que tenham. Cada pessoa tem responsabilidade por todas as que estão envolvidas no grupo. A solidariedade é uma lei essencial, antiga e básica para a manutenção dos valores grupais e a transmissão dos saberes culturais da comunidade. Os mariscos vão sendo capturados e colocados em baldes grandes, para ser transportados até as casas. Quando estão cheios, é necessário pedir ajuda para colocá-lo na cabeça, a fim de seguir de maneira equilibrada até o barco ou a casa.

Enquanto conversávamos com duas marisqueiras que catavam siri, passaram outras vizinhas, as quais se cumprimentaram fazendo brincadeiras e lembrando apelidos. Gritos e risadas são parte da comunicação, expressando tudo o que sentem.

"Lá vai Vaza Maré", gritou Maurícia a uma amiga que passou pela frente da casa indo para o mar com sua colher e seu balde. "Você não fica fora do mar, menina, faça chuva ou faça sol, para aí!"

"É assim, minha filha, eu vou todos os dias sim, sou Vaza Maré mesmo." E seguiu seu caminho na direção da praia, levantando o braço em sinal de saudação.

Passando outra, falou:

"Você vai mariscar ou vai fazer exposição de sua figura?", perguntou Maurícia.

"Os dois", respondeu a marisqueira, sorrindo e seguindo seu caminho.

Sobre a importância e o valor do pescado para essa população, seu Valdivino, pescador aposentado e primo de seu Djalma, observou: "A gente come o pescado fresco, natural, um peixe normal. Pega na hora e come, é bom comer tudo natural, é saúde pra gente, né?! Embora a capital é grande, não dá pra todo mundo comer natural, ter esse regime. Aí é uma saúde pra gente aqui".

Ele reconhece no pescado fresco, antes de ser congelado, valor como saudável e saboroso. Mesmo que consuma diversos produtos processados e industrializados, o sentimento mantém a confiança no peixe capturado e consumido na hora. Seu Valdivino lamenta que todas as pessoas na cidade não possam usufruir do mesmo benefício que eles, o que denota a sua pertença a essa comunidade e não à capital.

UMA FAMÍLIA PECULIAR

Dona Vilma do Nascimento Menezes Lopes, 63 anos em 2015, e Ernandes Carlos Lopes – nome verdadeiro de seu Djalma –, 72 anos, formam um casal nascido e criado em Bananeiras (foto 38). Tiveram nove filhos e adotaram uma menina da comunidade. A família mora no mesmo terreiro, e cada filho tem sua própria casa, embora muitas tarefas sejam feitas colaborativamente.

Seu Djalma, nosso parceiro nesta aventura de pesquisar e difundir conhecimento, está aposentado e passa a maior parte do tempo criando música na pequena mercearia que abriu ao lado de sua casa. Falou que escreve canções para os moços da ilha cantarem, como marchas de carnaval, valsas, boleros e sambas de roda. Os temas são amor, pesca e Iemanjá, entre outros (Cisneros López & Andrade, 2015).

Quando mais novo, foi pescador e uma importante liderança no movimento de pescadores artesanais. Atualmente, está interessado nos cuidados do meio ambiente e em compartilhar seu conhecimento sobre pescaria com os mais novos da ilha. Segundo ele, é assim que essa tradição pode ser mantida na comunidade; na pesca artesanal, o trabalho em família é o que perpetua a prática. Por esse motivo, ensinou essa arte a todos os integrantes de sua família. Suas filhas mais velhas são lideranças no movimento – como foi o pai – e se mobilizam em prol do benefício coletivo e do reconhecimento dos direitos de marisqueiras e pescadores artesanais. Conta seu Djalma:

> Agora eu vou ensinar meus netos a pescar, a tirar peixe, que eles não sabem, tanto de dia quanto de noite, mostrar como é que bota a rede, onde é que pode e onde não pode. Agora a missão minha é ensinar a eles... Eles pescam, mas não sabem direito ainda não. Eu quero ensinar a eles como é que tira um bagre de noite, como é que tira uma raia, como é que tira esses peixes perigosos; o niquim, todos esses peixes têm que ter uma manha, né? Se meter a mão no niquim pode perder a mão já, já, que ele é venenoso mesmo... Às minhas meninas todas eu ensinei a pesca... De vez em quando levava uma, levava duas. E as meninas sabem pescar. Não é dizer que elas vivam de pescaria, mas que sabem, sabem. Vilma mesmo faz gozação comigo, quando ela vai pescar comigo, que ela tira peixe mais rápido do que eu, né? Aí fica fazendo gozação... Eu fui lhe ensinar, agora você tem direito! (Andrade, Ferreira e Cisneros López, 2015)

A história familiar que dona Vilma lembra começou no século XIX, quando sua bisavó atravessou o rio escapando da escravidão somente com uma trouxinha em cima da cabeça. Ela estava escravizada no engenho do português Sebastião Álvares, cavaleiro da casa do rei de Portugal, que em 1560 recebeu a sesmaria[4] na beira do rio, no continente justamente em frente à ilha. Segundo as pesquisas feitas, é provável que tenha chegado atravessando o rio Caboto, escondida em um barco pequeno em alguma noite do ano de 1888, até aquele esconderijo nos arraiais do que hoje é a

---

4   Lote de terra doado pela Coroa portuguesa aos colonizadores com a finalidade de promover o povo-amento do Brasil. Essa doação foi a primeira feita em Candeias.

comunidade de Bananeiras. Ela morreu sem lembrar sua idade, mas todo mundo achava que tinha mais de 100 anos. A maior surpresa para essa avó foi que na ilha encontrou um dos seus filhos, que também tinha fugido daquele inferno. Quando dona Vilma falou dessa aventura, permaneceu calada uns instantes, pensando como explicar aquela história. Continuou dizendo que ela tinha fugido do "museu", sinalizando com o braço uma construção enorme lá longe, do outro lado do mar. O prédio era do antigo engenho e hoje Museu do Recôncavo Wanderley Pinho. Tanto seu pai quanto a mãe nasceram e foram criados na ilha. No que diz respeito à família de sua mãe, ela lembra que seu avô materno era de Candeias – o município mais perto de Bananeiras, no continente – e organizou sua vida em Bananeiras, tendo todos os seus filhos na ilha. O avô era pedreiro, mas também pescava. A família por parte de pai fazia o que todos seus antepassados fizeram: "Meu avô paterno sempre esteve na ilha, ele era pescador, os homens faziam trabalho de pedreiros também e pescavam para comer e vender na época que a pesca era abundante", conta dona Vilma.

Seu Djalma recorda que seus pais nasceram na ilha. Seu avô Domingo chegou do sertão, e todos os outros que vieram do continente viraram pescadores quando chegaram em Bananeiras; ele mesmo aprendeu com seu pai as artes da pesca. Na família, há muitos parentes longevos. Sua mãe tem 95 anos de idade e está casada de novo com um morador da ilha. A maioria dos seus irmãos e irmãs mora na vila – são onze. Os outros moram em Paripe, Salvador. Ser pescador é uma herança de sua linhagem; os homens de sua família pescavam e plantavam, a união com a terra e com o mar é uma aliança com a natureza sempre legitimada e nunca discutida. Essa forma de viver e dar seguimento à cultura dos ancestrais é uma peculiaridade dos grupos familiares de Bananeiras.

Djalma e Vilma se conheceram na ilha, se amaram no mar, aprenderam a crescer juntos no rio, criaram sua família na ilha rodeada de mar e estão envelhecendo perto do mar, no seu terreiro junto a todos os seus filhos, netos e bisnetos. Eles ensinaram suas artes e seus saberes a todos eles; como atirar a rede, catar e desconchar o marisco, cozinhar o peixe, utilizar os adereços e misturar o dendê na moqueca.

Todas as filhas são marisqueiras, além de terem estudado outras profissões que as levaram a representar papéis destacados na comunidade. O único filho e os netos são pescadores e reproduzem os saberes da vida na maré. Os valores da identidade comunitária se transformam constantemente, misturados e umedecidos pela água e nutridos pelos peixes.

E FICAMOS ASSIM...

A partir da experiência junto às marisqueiras, imprimiram-se outros sentidos à pesca e ao consumo de pescados. Lembrar-se dos momentos da catação (ou desconchamento) e na cozinha, quando a moqueca vai se preparando para ser apreciada com um pouco de pimenta; das recomendações sobre as panelas a serem utilizadas; das falas e das receitas; até da venda desses produtos colabora com a difusão desse conhecimento e valoriza ainda mais o trabalho das mulheres e dos homens envolvidos nesse universo das águas de comer.

Os melhores encontros desta viagem inter-transdisciplinar se deram na busca da relação e da criação de conhecimento dessa população, tanto quanto dos cuidados e da transmissão de seus costumes. A experiência teve conotações multirreferenciais. Sem esses olhares e pareceres, este texto não poderia ter sido elaborado.

O conjunto de conceitos, descobrimentos, aprendizados e tempo compartilhado constituiu uma parte de várias atividades aprendidas no decorrer da pesquisa na Ilha de Maré com os moradores da comunidade de Bananeiras. Não simplesmente uma intervenção coletiva; foi também um caminho e um método criado a partir dos conhecimentos que essas pessoas compartilharam com a equipe de trabalho. Tentamos interpretar processos de convivência comunitária carregados de histórias e práticas ancestrais, adaptadas neste continente pelos africanos chegados ao Brasil e misturados com a população indígena e branca na ilha.

Observamos o efeito da aculturação, o valor e a estética do trabalho no mar, bem como as associações feitas entre os seres humanos para melhorar sua vida nesse ambiente isolado embora afetado pela cultura urbana. O mais difícil foi compreender essa mistura e não cair nas concepções simples e paternalistas nem definir essas pessoas como carentes e ignorantes. Tratou-se de um exercício de pensar outra maneira de revelar as formas de convivência de um povo, oferecendo os saberes locais como base de um aprendizado coletivo, acadêmico e contemporâneo.

REFERÊNCIAS

ALMEIDA, R. O. & NEVES, E. L. (orgs.). *Caderno ambiental Ilha de Maré*. Salvador: Unijorge, 2011.

ANDRADE, D. C. & ROMEIRO, A. R. "Degradação ambiental e teoria econômica: algumas reflexões sobre uma 'economia dos ecossistemas'". Em *EconomiA*, 12 (1), Brasília, jan.-abr. de 2011.

ANDRADE, L. L.; FERREIRA, T. C. B.; CISNEROS LÓPEZ, M. Entrevistas com Ernandes Carlos Lopes, Vilma do Nascimento Menezes Lopes, Maurícia Xavier dos Santos Neta, Valdivino do Bomfim Xavier e Altamira Simões. Salvador, 2015.

BANDEIRA, S. F. & REBOUÇAS BRITO, R. R. C. "Comunidades pesqueiras na Baía de Todos os Santos: aspectos históricos e etnoecológicos". Em CAROSO, C.; TAVARES, F.; PEREIRA, C. (orgs.). *Baía de Todos os Santos: aspectos humanos*. Salvador: Edufba, 2011.

CAMARGO LESSA, G. *et al.* "Oceanografia física". Em HATJE, V. & ANDRADE, J. B. (orgs.). *Baía de Todos os Santos: aspectos oceanográficos*. Salvador: Edufba, 2009.

CISNEROS LÓPEZ, M. & ANDRADE, L. L. "'Memoria cantada'; la música popular en comunidades *quilombolas* de la Bahía de Todos los Santos como forma de subversión creativa". Em *Anais do Primer Congreso Internacional de Comunalidad: luchas y estratégias comunitarias horizontes más allá del capital*, Puebla, 2015.

COMUNIDADES QUILOMBOLAS EM SALVADOR, 2012. Disponível em http://www.palmares.gov.br/quilombola/?estado=BA. Acesso em 10-8-2012.

FUNDAÇÃO CULTURAL PALMARES. *Comunidades certificadas.* Disponível em http://www.palmares.gov.br/wp-content/uploads/2016/01/TABELA_CRQs_COMPLETA-Atualizada-31-12-2015.pdf. Acesso em 28-3-2016.

GALEFFI, D.; SIDNEI MACEDO, R. & GONÇALVES BARBOSA, J. *Criação e devir em formação: mais-vida na educação.* Salvador: Edufba, 2014.

GARCIA GIGLIO, Z.; MUGLIA WECHSLER, S. & BRAGOTTO, D. (orgs.). *Da criatividade à inovação.* Campinas: Papirus, 2009.

OLIVEIRA, E. *A ancestralidade na encruzilhada.* Curitiba: Gráfica Popular, 2007.

REIS, M. "Dimensão sociocultural". Em *Palmares*, ed. especial, ano VI, Brasília, novembro de 2010.

RISÉRIO, A. *Uma história da cidade da Bahia.* 2ª ed. Rio de Janeiro: Versal, 2004.

SECRETARIA MUNICIPAL DE DESENVOLVIMENTO URBANO, HABITAÇÃO E MEIO AMBIENTE. *Cadernos da cidade*, 1 (1), Salvador, junho de 2009.

Os peixes e a cozinha de matriz africana nos terreiros de candomblé

Elmo Alves Silva e Ricardo Pereira Aragão

E Mikaiá,
Selumbanda selomina
Demama e o mikaiá, seluko
Selomina demama e o mikaiá e![1]

Dia 2 de fevereiro, na cidade de São Salvador da Bahia, é festa de Iemanjá. Sim, de Iemanjá! Adeptos do candomblé, simpatizantes, turistas ou mesmo aqueles que apenas querem aproveitar essa grande festa se dirigem à praia do Rio Vermelho para saudar todas as rainhas do mar da Bahia. Mar que uniu a África à América pelo sofrimento daqueles que vieram escravizados para saciar a sede do capitalismo nascente. Mas, como já nos dizia Caetano, "o povo negro entendeu que o grande vencedor se ergue além da dor...". Nesse diálogo pautado pela dor da escravidão e pela saudade da terra-mãe, nasceu o candomblé. Uma religião criada no "extremo Ocidente" para cultuar os heróis míticos e as forças criadoras trazendo para nós toda a riqueza de um modo de ser no mundo que privilegia a relação do ser humano com a natureza que o circunda. Sim, o iniciado no candomblé sabe que está

---

1 Mares profundos, que guardam o Segredo/ Encontro a luz com minha Mãe dos Mares profundos/ Encontro o Segredo com minha Mãe dos Mares profundos!

conectado, ligado, que foi "feito" para uma força da natureza divinizada. O iniciado sabe que seu próprio corpo é criado a partir dessa força! Logo, nada mais sagrado, para o povo de santo, que aquilo que nos forma, nos constrói: a comida. Sendo Salvador cravada na ponta de uma península, a relação com o mar é fundante. O próprio estado tem seu nome dado por essa relação com o mar: Bahia (baía em português antigo!).

Mas voltemos à festa da rainha do mar. Embora a festa tenha o nome de uma divindade iorubá do rio Ogun, aqui Iemanjá foi almagamada a Mameto Kayala, divindade bantu cultuada nos candomblés Angola (como é chamado o culto que tem sua matriz nos povos bantófonos), cujo nome, segundo a professora Yeda Castro (2001), vem do termo quimbundo N'kaya Diala, a senhora da água salgada, que tem como serviçais as kiandas, sereias que exigiam presentes anuais das mulheres no antigo reino do Congo para que estas fossem férteis. A relação da mãe dos orixás e a senhora do mar foi fácil. A cultura afro-baiana não reclama para si exclusividade, muito pelo contrário, inclui! Para ilustrar a relação dos povos africanos – e, por conseguinte, dos afro-brasileiros – com o mar, apresentamos uma descrição sucinta da homenagem à Grande Kianda em Angola registrada por Redinha (1975):

> No conjunto das manifestações de crença, registra-se em Angola a veneração ou culto dos sirêncios, dando origem, entre os pescadores de Luanda, conforme já se indicou, ao culto da Grande Kianda ou Sereia, entidade espiritual habitante das águas do mar, das lagoas, rios e fontes. A Kianda revela-se sob as formas de semigente ou semipeixe, e ainda sob outros aspectos. Afirma-se que habitou em tempos a ilha de Luanda, e aí lhe eram prestadas cerimônias ritualísticas, periódicas com a presença do Kimbanda, intérprete do sentir da Sereia, existindo casa própria para o culto, designada dilombo [...] Organizavam-se banquetes em homenagem à Sereia, com louças, vinhos e iguarias europeias junto às africanas, a par de outras ofertas. Vinho doce e pentes de pentear, eram da regra, expressando uma ideia feminina atribuída àquele ser [...] A mesa era posta na praia, sobre esteiras de luando (Papyrus), e repetidos toques de tambor

> anunciavam à Sereia homenageada e seu séquito que o banquete estava servido [...] Durante 15 dias a um mês estas festividades, e nenhum pescador entrava no mar durante este período de tempo.

Assim, é na festa de 2 de fevereiro que todas as nações de candomblé, os adeptos das religiões de matriz africana e todo o povo de fé da Bahia se encontram para celebrar suas grandes Mães D'água, não importando os nomes – Iemanjá, as kiandas, Aziri-Tobossi ou até mesmo as iaras –, pois é ao mar que por meio delas se agradece pela fartura e pelas bênçãos dadas todos os dias. É aos pés de *Yemonjá*, a mãe cujos filhos são peixes, que todos agradecem, e pedimos à grande mãe que sejamos também seus filhos e gozemos de seu amor e proteção; sejamos também peixes para sermos seus filhos. E é por meio das oferendas, não só dos presentes ofertados nas águas, que agradamos a essas grandes ialodês (mães ancestrais e orixás das águas), pois a água é a principal fonte de nossa vida. Assim, o peixe e os demais pescados tornam-se as principais oferendas dessas maravilhosas senhoras das águas que compreendem não só Iemanjá como tal, mas também Oxum, Nanã, yewá e Obá, todas dignas de um banquete de rainha. A festa como ocorre hoje no bairro do Rio Vermelho tem, segundo nos narrou o historiador Silvio Rosário, seu nascimento em razão de uma querela da paróquia que existe no local com a comunidade de pescadores, que já ofertavam presentes às rainhas do mar em busca de fartura na pescaria. Outro presente para *Yemonja* também significativo nas festas das religiões afro-brasileiras ocorre na ilha de Itaparica, sob a liderança dos adeptos do culto aos Egunguns, espíritos dos mortos ilustres do culto, que retornam para também prestar homenagens à senhora do mar.

O PEIXE NA COZINHA DE SANTO

A cozinha da religião dos orixás/inquices tem grande importância e exerce papel de destaque no culto e na sua prática religiosa; é elemento que estabelece o mais próximo contato entre homens e deuses. Sendo essa cozinha um ambiente sagrado, de preparação das mais diversas iguarias, em que ingredientes até então de uso comum passam a ter o papel mágico nas mãos das iabassês, é sempre um lugar de grande movimento, onde todos se encontram e onde boa parte dos ensinamentos sobre a religião ocorre.

> A cozinha é mesmo escola mestra, local onde se aprendem as lições mais antigas, através do exercício longo e paciente da observação. Local onde permanecem por maior período de tempo os iniciados, seja varrendo, lavando, limpando, guardando, acendendo ou mantendo o fogo, cozinhando, com olhos e ouvidos atentos a tudo que se passa nela. Daí entende-se o dizer corrente: candomblé mesmo é cozinha! Talvez por ser ela mais que um local de transformação e sim de passagem e transmissão de conhecimento, por onde transita algo essencial que ultrapassa os limites das oposições por situar-se no mais íntimo e profundo ser do homem: o comer. (Sousa, 2008, p. 83)

A cozinha de santo não é apenas um lugar de saberes culinários a fim de atender às necessidades dos cardápios dos orixás, mas um ambiente de grande propagação das práticas ritualísticas e sociais dentro da comunidade religiosa. Em que o ato de comer ultrapassa as questões biológicas, passando a ser também uma questão de caráter social e de fé, alimentando não apenas o corpo físico mas também o espiritual, tendo cada ingrediente e suas combinações, nesse ambiente multifacetado, diversificados modos de fazer e diferentes significados de acordo com as nações e famílias de santos.

> Comer é, antes de tudo, se relacionar. O que é oferecido é codificado na complexa organização do terreiro, assim circulando e se renutrindo. Há sentido e função em cada ingrediente, e há significado nas quantidades, nos procedimentos, nos atos das oferendas, nos horários especiais e dias próprios, no som de cânticos, de toques de atabaque, agogô, cabaça e adjá ou do paô – bater palmas seguindo ritmos específicos. (Lody, 1998, p. 39)

Na cozinha sagrada dos orixás, as preparações são bastante diversificadas e utilizam elementos/gêneros de origens mineral, vegetal e animal, como carnes, peixes, farinhas, grãos, raízes, folhas, frutas, óleos. Além disso, outros ingredientes são acrescentados às preparações de acordo com a tradição e com o agrado dos orixás. Discorreremos sobre a utilização de peixes e frutos do mar na cozinha afrorreligiosa por esse olhar, que evidencia a grande riqueza culinária dos ilês axés, na qual prevalece a arte de elaborar alimentos lhes atribuindo sabores e sentidos simbólicos que vão além das necessidades fisiológicas.

Para entender as religiões de matriz africana, é preciso percebê-las como religiões ligadas à natureza. Dela parte toda a energia necessária para a manutenção da vida e de toda a sua dinâmica, a fim de que a energia (que chamamos de axé) continue estabelecendo a sintonia entre homens e deuses. Assim, as práticas das oferendas são uma forma de estabelecer essa troca de energia e aproximar o mundo físico (ou seja, dos homens) do espiritual (das divindades). É por meio dessa relação indissociável entre o alimento e a fé que podemos entender a importância da oferenda nas religiões de matriz africana e sua cozinha como local sacro de grande significado.

Temos um cardápio extremamente diversificado de preparações denominadas comidas de santo, feitas das mais diversas iguarias e formas de preparo e que alimentam o corpo, os olhos (pois a oferenda tem uma estética de apresentação muito importante na sua preparação) e o espírito, resultando em verdadeiras maravilhas gastronômicas que deleitam não apenas os deuses mas também os homens, reunindo-nos em um banquete de congraçamento no qual todos comem.

Não é diferente com pescados e frutos do mar – principalmente pelo mar, que abraça a Baía de Todos os Santos. Eles também compõem esse banquete, constituindo-se em ingredientes importantíssimos nos rituais religiosos e ocupando lugar de destaque em muitas cerimônias e ritos internos.

Os pescados em geral – em especial o peixe (ejá, como é chamado em iorubá) – são alimentos que, dentro das religiões de matriz africana, têm muitos significados e grande importância, na medida em que representam equilíbrio, abundância, fertilidade, saúde e paz interior. Estão intimamente ligados às grandes iabás e às grandes ialodês, representando a calma e a harmonia necessárias para a vida. Assim, sua utilização é muito mais frequente em ritos nos quais se buscam esses valores de paz e harmonia, como os rituais de bori, que têm o sentido de alimentar a cabeça, fortalecendo o elo entre o iniciado e o seu orixá pessoal. Nesse ritual, reverencia-se (pelas oferendas) o orixá pessoal da consciência, que busca dar equilíbrio para o neófito ou iniciante. O peixe (de escamas, pois o peixe de pele não é aceito) é ofertado como certeza de uma obrigação que fluirá com paz e muita saúde. Também muito utilizado nos rituais de celebração aos ancestrais, como o *Axexê*, no qual é a comida obrigatória dos três ou sete dias desse ato litúrgico. É obrigatório, ainda, na chamada *primeira Ceia Branca* da festividade afro-católica baiana de Nossa Senhora da Boa Morte, na cidade de Cachoeira, em que são servidas apenas comidas que não levam o dendê, visto que o peixe é o grande prato da noite. "O peixe identifica no texto visual dos terreiros as iás – deusas, mães das águas –, sendo um dos alimentos votivos mais significativos dos orixás, voduns e inquices que habitam os rios, lagos, cachoeiras, regatos, mares e pântanos, ampliando-se às chuvas" (Lody, 2008, p. 372).

Assim, percebemos como os pescados desempenham um papel significativo na cozinha das religiões de matriz africana, seja na dieta do cotidiano de uma casa de santo, como comida leve e de agrado de todos, seja como comida das sextas-feiras dedicada a Oxalá. Nem todos os pescados são aceitos, pois, como em toda comida de santo, há interdições e especificações referentes ao seu uso. Como dissemos anteriormente, não se permite o consumo de peixes de pele, e, dependendo da nação, moluscos também não são aceitos. Também há as interdições ligadas diretamente ao orixá/inquice, chamadas de Kisilas.

Outro elemento fundamental na cozinha dos cultos afro-brasileiros é o camarão – seco ou defumado –, que, com a cebola e o azeite de dendê, compõe a tríade que dá sabor e personalidade à maioria dos pratos da comida nos candomblés.

"MARINHEIRO, AGUENTA O LEME... NÃO DEIXE A BARCA VIRAR..."

No complexo religioso do candomblé Congo-Angola na Bahia e no Brasil, tem lugar de destaque o culto aos caboclos, "os donos da terra". Os donos não só do chão brasileiro mas também da sabedoria advinda das atividades laborais as quais africanos, indígenas e seus descendentes realizavam. Foi assim que o candomblé Angola se instituiu como lugar dos espíritos dos índios guerreiros e curandeiros, dos boiadeiros, dos gentileiros, dos capangueiros e, em especial – para nós neste trabalho –, dos marujos, detentores da sabedoria que vem das ondas do mar!

No modo como os adeptos do candomblé veem as entidades, o Marujo é uma espécie de caboclo. Em conversa durante encontro no terreiro Tumbansé, Ismael Giroto, antropólogo e babalorixá, afirmou que o que no candomblé Angola se convencionou chamar de caboclo tem menos ligação com a noção de mestiço entre índios e brancos, aproximando-se do conceito bantu de Nkisi Nsi, o nkisi que reside em certos locais. Ou seja, certos locais que possuem em si uma força mística –, que em terminologia iorubá podemos compreender como axé –, teriam também a propriedade de atrair certos espíritos que, pela possessão do corpo de uma pessoa com quem desenvolvam afinidades, retornaria para comungar com aqueles que precisem de seus conselhos. Nesse sentido, com todas as nossas mães d'água residem os espíritos dos afogados. Pescadores, marinheiros, jangadeiros que tombaram na luta pela sobrevivência retirando das águas seu sustento e de seus familiares são acolhidos pela rainha do Aiocá e, em momentos de celebração ou necessidade, retornam para junto dos seus, pois aqueles que se foram e não são esquecidos nunca se esquecem dos que ficaram (Sant'Anna Sobrinho, 2015).

Uma das festas mais lindas que presenciamos para Marujo ocorre sempre no segundo domingo de março no terreiro do sr. José Ananias, Tata Baranguanje, ou, para os amigos e conhecidos, Pai Guego. Guego foi iniciado para Gongobira, nkisi da caça aquática (pesca), nos candomblés Angola em 2002, no bairro de Macaúbas, e completou suas obrigações com Mãe Xagui, quando recebeu o cargo de Tata Ria Mukixi (pai de santo) no terreiro que herdara de seu pai na rua 6 de Setembro, no bairro Sete de Abril, em Salvador. Em 1992, dez anos antes de sua iniciação, após o falecimento de seu avô Guego, herdou seu Colondiano, o Marujo que possuía seu avô! Segundo Monique, makota (equede) do terreiro e filha mais velha de Guego, foi um momento de grande alegria e comoção para a comunidade! Seu Colondiano sempre fora o comandante da casa, e com o falecimento do patriarca todos acreditaram que ele também havia partido. Assim, seu retorno no caçula da família foi comemorado com uma festa anual.

A festa de seu Colondiano começa sempre com o Jamberesu, toque ritual para os baquisi, divindades similares aos orixás. Nzila é despachado, e começam os cânticos para Roxi Mucumbi, Katendê, mutalambô e até Kaiala, a senhora das águas salgadas. E, então, o candomblé "vira" para caboclo... e sobe o som da saudação ao marujo: "Êla, mano! Êla, marujada! Seu Colondiano se faz presente!".

Os marujos se apresentam sempre da mesma forma: trajam um fardamento de marinheiro branco ou azul e sempre aparentam estar embriagados (fotos 39 e 40)!

> Martim Pescador que vida é a sua,
> tomando marafo e caindo na rua...
> Eu bebo dez, eu bebo cem,
> Bebo com meu dinheiro, não é da conta de ninguém!
> (Cântico de Marujo)

Além do marafo (bebidas destiladas) e da cerveja que são fartamente servidos aos convidados, seu Colondiano também adora uma mesa farta de frutos do mar diversos – lagostas, camarões, siris, peixes (bacalhau inclusive) –, que ao final da festa são distribuídos entre os visitantes (ver fotos 41 e 42). A mesa de Marujo é repleta de iguarias disputadas pelos presentes. Além disso, um farto banquete é oferecido durante a festa, que tem início às 13 horas e segue até as 22 horas. Alguns pratos são constantes: as moquecas de bacalhau e de vermelho, a salada de camarões, a frigideira de siri, sardinhas fritas no dendê, acompanhadas de caruru, vatapá, feijão--fradinho, arroz, farofa de dendê! Uma celebração à fartura que o mar nos oferta! A festa de Marujo é uma celebração à vida que vem do mar!

RECEITAS

Escabeche de peixe
(PARA AS SEXTAS-FEIRAS NO TERREIRO, POIS NESSE DIA O DENDÊ É PROIBIDO.)

500 g de peixe limpo
50 mℓ de suco de limão
Sal
2 dentes de alho
100 g de cebola picada
100 g de tomate picado
1 maço de cheiro-verde (cebolinha, coentro, salsinha)
1 colher (sopa) de colorau ou extrato de tomate

Lavar o peixe com limão, cortar em pedaços pequenos e temperar com sal. Fazer um molho com alho, cebola, tomate, cheiro-verde, sal e colorau ou extrato de tomate. Refogar. Acrescentar o peixe e, em seguida, a água, até cobrir o peixe. Deixar cozinhar, até a preparação amolecer. Servir com arroz branco.

Peixe no leite de coco

(SERVIDO NOS DIAS DE FESTAS DOS ORIXÁS FUNFUNS
– SENHORES DO BRANCO – E EGÚNS.)

1 kg de peixe limpo
Sal
Pimenta-do-reino
Limão
200 g de cebola picada
50 mℓ de azeite de oliva
300 g de tomate picado
200 mℓ de leite de coco
Salsa

Temperar o peixe com sal, pimenta-do-reino e limão. Refogar a cebola no azeite. Acrescentar o peixe e o tomate picado. Tampar a panela e deixar cozinhar por alguns minutos. Adicionar o leite de coco. Voltar a cozinhar por mais alguns minutos, adicionando mais leite de coco ou água se for necessário. No final do cozimento, acrescentar a salsa. Servir com arroz branco.

Os peixes e a cozinha de matriz africana nos terreiros de candomblé

Bobó de camarão

(SERVIDO NAS FESTAS DAS IABÁS, OU GRANDES MÃES.)

1,5 kg de aipim
Sal
100 mℓ de azeite de dendê
500 g de cebola picada
1 kg de camarão fresco
200 mℓ de leite de coco
3 tomates picados sem sementes
Salsa ou coentro picados

Cozinhar o aipim em água e sal e transformar em purê. Reservar a água do cozimento para afinar o bobó. Refogar, no azeite de dendê, a cebola e o camarão. Acrescentar o leite de coco e o tomate. Misturar com o purê de aipim. Corrigir o tempero. Decorar com a salsa picada ou o coentro picado. Servir quente.

Bacalhoada de marujo

(SERVIDA NAS FESTAS DE MARTIM PESCADOR. A RECEITA A
SEGUIR FOI DADA PELA EKEDJI JACIARA D'OGÚN.)

2 kg de bacalhau dessalgado
Azeite extravirgem de boa qualidade
2 cebolas médias em rodelas finas
3 dentes de alho espremidos
70 g de colorau ou extrato de tomate
400 g de batata (tamanho médio) em rodelas de 0,5 cm
300 g de abóbora ou cenoura
300 g de quiabo
150 g de azeitona verde inteira
Pimenta-do-reino moída
Sal
200 g de banana-da-terra
Cheiro-verde (cebolinha, coentro, salsinha)

Colocar o bacalhau na água para aferventar. Desligar o fogo. Retirar as espinhas e a pele e desfiar em lascas grandes. Guardar a água em que o bacalhau foi afeventado. Em uma panela, cobrir o fundo com azeite e colocar a cebola e o alho. Refogar. Assim que a cebola ficar transparente, retirar e reservar. Na mesma panela, colocar o colorau no azeite, misturar para incorporar, desligar a panela e montar camadas seguindo esta ordem: cebola, batata, abóbora ou cenoura, quiabo, bacalhau e cebola. Acrescentar a azeitona verde, a pimenta-do-reino moída e sal, se necessário. Colocar 300 ml da água em que o bacalhau foi afeventado e levar ao fogo. Deixar cozinhar até o caldo engrossar bem. Próximo do fim do cozimento, colocar a banana e envolvê-la com os legumes. Na hora de servir, polvilhar cheiro-verde a gosto.

Mariscada de marujo

(SERVIDA NO SAMBA DE MARUJO.)

400 g de filé de peixe (badejo, corvina, robalo)
200 g de ostra limpa
200 g de mexilhão
200 g de sururu
200 g de sarnambi
300 g de siri mole
300 g de camarão
Sal
80 ml de suco de limão
50 ml de azeite de oliva
4 dentes de alho picados
300 ml de azeite de dendê
400 g de cebola cortada em tiras
500 g de tomate cortado em tiras
800 ml de leite de coco
Cebolinha
Coentro
3 pimentas-doces

Temperar o peixe e os mariscos com o sal, o limão, o azeite de oliva e o alho. Reservar. Refogar no azeite de dendê a cebola e o tomate e, em seguida, acrescentar o leite de coco. Deixar cozinhar por dois minutos. Acrescentar os mariscos e cozinhar para reduzir o caldo. No final do cozimento, colocar o filé de peixe e o camarão, deixando no fogo médio por cerca de dez minutos. Antes de desligar, acrescentar a cebolinha, o coentro e a pimenta-doce. Servir com arroz branco e farofa de dendê.

Peixe assado na folha com farofa

(SERVIDO NOS RITUAIS DE *BORI*, NA MESA.)

1 vermelho (peixe) inteiro e limpo
Sal
Suco de 1 limão
160 ml de azeite de oliva
Folha de bananeira
150 g de cebola picada
150 g de camarão seco defumado e moído
600 g de farinha de mandioca torrada

Temperar o peixe com sal, suco de limão e parte do azeite de oliva e deixar descansar para pegar gosto. Envolver o peixe na folha de bananeira untada com azeite e levar para assar em forno médio (160 °C) por 35 minutos. Refogar a cebola no azeite de oliva até ficar transparente. Acrescentar o camarão seco e deixar refogar por um minuto. Adicionar a farinha e deixar torrar, para ficar crocante. Retirar o peixe da folha e colocar sobre a farofa. Servir acompanhado de salada de folhas e tomates com cebola.

REFERÊNCIAS

ANDRADE, H. L. C. de. *A cozinha baiana no restaurante do Pelourinho*. 4ª ed. Salvador: Editora Senac Nacional, 2008.

AMARAL, R. "A alimentação votiva". Em *História Viva – Grandes Religiões – Cultos Afro*, nº 6, São Paulo, 2007.

CASTRO, Yeda Pessoa de. *Falares africanos na Bahia: um vocabulário afro-brasileiro*. Rio de Janeiro: Topbooks, 2001.

FERNANDES, C. & ROBATTO, S. *Viagem gastronômica através do Brasil*. 10ª ed. São Paulo: Editora Senac São Paulo/Editora Estúdio, 2012.

LODY, R. *Brasil bom de boca: temas de antropologia da alimentação*. São Paulo: Editora Senac São Paulo, 2008.

_____. (org.). *Dendê: símbolo e sabor da Bahia*. São Paulo: Editora Senac São Paulo, 2009.

_____. *Santo também come*. 2ª ed. Rio de Janeiro: Pallas, 1998.

MONTANARI, M. *Comida como cultura*. São Paulo: Editora Senac São Paulo, 2008.

PEREIRA, Rodrigo. "Do mar aos axés: o uso dos moluscos nas religiões afro-brasileiras como exemplo da diáspora negra". Em *Outras Fronteiras*, 1(2), Cuiabá, jul.-dez. de 2014.

REDINHA, José. *Etnias e culturas de Angola*. Luanda: Instituto de Investigação Científica de Angola, 1975.

SANT'ANNA SOBRINHO, J. *Terreiros egúngún: um culto ancestral afro-brasileiro*. Salvador: Edufba, 2015.

SILVA, Paula Pinto e. *Farinha, feijão e carne-seca: um tripé culinário no Brasil colonial*. São Paulo: Editora Senac São Paulo, 2005.

SOUSA JUNIOR, V. C. de. *O banquete sagrado: notas sobre a comida e o comer em terreiros de candomblé*. Salvador: Atalho, 2008.

Sabores que vêm das águas da Bahia

Odilon Braga Castro

É a França o maior país da União Europeia, com cerca de 550.000 quilômetros quadrados. Entretanto, para o mundo da gastronomia, esse tamanho parece não ter fim. Um sem-número de produtos, técnicas e produções saídos das mãos de profissionais conhecidos, outros tantos desconhecidos, amadores e pessoas que no dia a dia veneram o cozinhar e o bem comer que influenciaram e influenciam a dieta mundial. Pois bem, o estado da Bahia é territorialmente maior que a França. Segundo o Instituto Brasileiro de Geografia e Estatística (IBGE, s/d.), são exatamente 564.733,081 quilômetros quadrados, colocando a Bahia como o quinto maior estado do Brasil. Como é grande esse Brasil! Como é grande essa Bahia! Será que a gastronomia de toda essa imensidão também é conhecida e reconhecida? Podemos dizer que ainda falta muito para que a valorização alcance níveis consideráveis, mas o respeito às cozinhas regionais já pode ser sentido como principal foco da gastronomia mundial hoje em dia.

Reduzir a gastronomia baiana apenas ao cheiro inebriante e à mágica cor do dendê seria esconder um mundo maravilhoso que vai além das já famosas, festejadas, únicas e incomparáveis produções clássicas do Recôncavo Baiano. Assim como o território, a comida baiana é grande e grandiosa. O desvendar do véu que encobre toda essa riqueza certamente surpreenderá os que ainda sintetizam e resumem em poucas produções a cultura gastronômica baiana.

FRUTOS DAS ÁGUAS

Tamanho território, dividido em 417 municípios, é agraciado por regiões e microclimas diferenciados, que proporcionam várias possibilidades gastronômicas, obviamente aliados às diversas comunidades que aqui chegaram e continuam chegando e transformando o comer do baiano. O extenso litoral, com 932 quilômetros, e a grande bacia hidrográfica influenciam particularmente os hábitos alimentares baianos no que diz respeito aos produtos deles oriundos.

A maior extensão litoral do Brasil, segunda maior baía do mundo – a de Todos os Santos –, rios, riachos, ribeirões, lagos naturais, artificiais, açudes... muita água! Muita água, que, a despeito da poluição descontrolada, ainda produz frutos diversos, nutritivos, ricos em sabor, textura, aroma e cor. Águas salgadas, doces, misturadas nos encontros dos rios com o mar, mangues permitem a existência de inúmeras espécies que resultam em diferentes produções nos pratos baianos.

Muitas dessas incontáveis possibilidades – pratos que expressam a tipicidade alimentar de uma localidade – fazem parte da cultura gastronômica da Bahia, apesar de muitas vezes – na maioria das vezes – serem conhecidas e apreciadas apenas naqueles rincões nos quais surgiram. Escondidas, desvalorizadas e tendendo a cair no esquecimento. *A Bahia não conhece a Bahia!*, parafraseando a genialidade de Aldir Blanc em "Querelas do Brasil", docemente interpretada por Elis Regina.

RESGATE VIA PESQUISA

O estudo da gastronomia no âmbito acadêmico tem conseguido impulsionar um processo de resgate e valorização do comer regional. É uma espécie de garimpagem cultural dos tesouros escondidos por todo o território brasileiro e o baiano. Pelo menos é assim que o curso de Bacharelado em Gastronomia da Universidade Federal da Bahia (UFBA) está se pautando.

SABORES QUE VÊM DAS ÁGUAS DA BAHIA

Tal preocupação, presente em todo o seu Projeto Pedagógico, surge com mais força nos componentes curriculares Gastronomia Brasileira e Gastronomia Baiana, em que os alunos são instados a sair a campo com pás e picaretas – digo garfos e facas, digo papel e caneta – em busca de preciosidades das culturas gastronômicas locais. São pesquisas usando fontes diretas, como entrevistas e vivências das pessoas nas comunidades, uma vez que o material bibliográfico é muito escasso.

Mesmo com todas as dificuldades em deslocamentos, captação de informações precisas e fundamentações acadêmicas, os primeiros resultados vêm sendo extremamente satisfatórios. Os alunos compromissados com a pesquisa têm abrilhantado os finais de semestres com apresentações de trabalhos sobre a gastronomia da Bahia trazendo informações cada vez mais surpreendentes. Sobre o uso de pescados, algumas pesquisas aqui serão apresentadas.

O presente texto é apenas uma pequena amostra das comidas baianas baseadas em pescados. Pretende não só surpreender com produções de pouco conhecimento da maioria dos leitores mas também divulgar essa proposta de resgate e valorização da cultura gastronômica do estado baiano, elevando nossos olhos para além do que já é bastante conhecido e apreciado. A ideia é mostrar que a Bahia tem muito mais a mostrar. A Bahia precisa conhecer a Bahia!

PINAÚNA

Echinoidea é a classe à qual pertence a pinaúna. Pinaúna? É, este é o nome que se dá na Bahia para os ouriços-do-mar conhecidos pelo litoral do Brasil. Apresentam carapaça arredondada e cheia de espinhos, vivem entocadas em arrecifes e normalmente causam temor aos banhistas pela possibilidade de infecções advindas das perfurações pelos espinhos.

O que muitos não sabem é que as pinaúnas são apreciadas na gastronomia mundial e, particularmente, no litoral baiano. Normalmente não estão nos cardápios dos restaurantes, mas frequentam as mesas dos pescadores e moradores de diversas localidades desse extenso litoral. Um exemplo é a localidade de Arembepe, distrito do município de Camaçari e que fica a cerca de 30 quilômetros de Salvador.

Historicamente famosa por ter sido um reduto *hippie* nos anos 1960, Arembepe é hoje um destino turístico com belas praias e movimentada por atividades culturais. É lá que acontece já há alguns anos o Festival da Pinaúna, sempre no final de janeiro. Nesse período é possível comer pastéis, empadas, moquecas e caldos feitos com o ouriço. Uma oportunidade rara de degustar essa preciosidade que em geral é privilégio apenas dos nativos.

A coleta da pinaúna é feita de forma familiar. Não há interesse comercial, mesmo que seja abundante por não ter predador natural. A parte comestível são as cinco gônadas internas – órgão de função reprodutiva –, também chamadas de coral. Pode ser consumida crua, a exemplo das ostras, ou cozida em diferentes formas. A mais usual é assar diretamente sobre brasas.

Em Itapuã, famosa praia de Salvador, ainda é possível ver pescadores e moradores reunidos – notadamente, aos sábados pela manhã – em volta de braseiros em que as pinaúnas são assentadas. Depois de assadas, elas perdem os espinhos, então é só quebrá-las e comer o seu interior. Não é necessário qualquer tempero nem sal, pois a água do mar já as tempera com exatidão. Há a crença de que têm poder afrodisíaco, muito mais que as ostras.

Descendo para o sul da Bahia, na extensão conhecida como Costa das Baleias, a beleza e a riqueza do litoral reúnem cenários paradisíacos e gastronomia diversificada. O vilarejo de Cumuruxatiba, que fica a 30 quilômetros de Prado e a pouco mais de 800 quilômetros de Salvador, é um desses paraísos. Os trechos de formação rochosa no mar são verdadeiros viveiros de pinaúnas que os muitos moradores aproveitam para incrementar a alimentação.

Pesquisa realizada pelo estudante do curso de Bacharelado em Gastronomia da UFBA Rodrigo Costa mostra diferentes possibilidades de uso da pinaúna como alimento. No final do primeiro semestre de 2013, ele apresentou à comunidade acadêmica estudo sobre o uso dessa iguaria na gastronomia baiana que culminou com uma receita específica de Cumuru (forma carinhosa com que os moradores se referem a Cumuruxatiba). A receita é de uma frigideira de pinaúna que ele apresenta a partir do relato e do fazer de uma antiga moradora daquela localidade. A moradora havia aprendido a receita com a mãe – são os saberes perpassados entre gerações e que merecem e precisam ser registrados.

Segundo Rodrigo Costa (2013), a receita descrita a seguir respeita o modo de preparo e medidas, tal qual relatos colhidos, buscando preservar as raízes empíricas da preparação.

Frigideira de pinaúna

Azeite de oliva
Alho
Cebola
Gônadas de pinaúna
Tomate
Pimentão
Salsa
Coentro da folha larga
Leite de coco
Ovo

"Para preparar uma frigideira de pinaúna, média, primeiro aquece-se o azeite de oliva, onde serão refogados 2 dentes de alho e 1 cebola média, picados, até dourar. Nesse momento entram as gônadas de ouriço, 1 tomate grande, 1 pimentão, salsinha, coentro da folha larga, picados. Depois de uma rápida refogada, acrescenta-se o leite de coco. Dispõe-se tudo numa travessa refratária, cobrindo com clara em neve misturada com gemas e levando ao forno" (Costa, 2013).

CABEÇA DE ROBALO

Quem quiser comer cabeça de robalo vai ter que ir ao maravilhoso município de Canavieiras, no litoral sul da Bahia, a pouco mais de 500 quilômetros de distância de Salvador e 110 quilômetros de Ilhéus. Seu litoral exibe praias maravilhosas, muitas em estado primitivo, e é entrecortado por ilhas e rios que lá desembocam. Essa configuração forma um rico ambiente de mangue que se traduz em lugar propício para a proliferação de diversos crustáceos.

É lá em Canes – como é carinhosamente chamada pelos mais íntimos – que se podem degustar com fartura caranguejos, aratus, siris, guaiamuns, além de outros frutos do mar. Os cardápios dos diversos bares e restaurantes priorizam crustáceos e pescados. Não é por acaso que há alguns anos se via no entroncamento da estrada que dá acesso à cidade um imenso monumento de um caranguejo dando boas-vindas aos visitantes. Não há mais. Um outro caranguejo monumental foi colocado na entrada da nova orla.

Chama atenção em Canes um tipo de turismo bem específico: o da pesca esportiva. A costa da região – Costa do Cacau – é conhecida como um verdadeiro santuário de peixes diversos, mas os destaques são o marlim-azul e o robalo. Não é raro ver embarcações de várias nacionalidades naquele litoral praticando a pesca esportiva desses peixes, notadamente entre os meses de novembro e março.

Ah, então está explicada a razão de a cabeça de robalo ser o prato mais emblemático de Canes. Com muita pesca do robalo, eles usam as cabeças para a produção do prato. Certo? Errado!!! Completamente errado! Cabeça de robalo nada tem a ver com o peixe (literalmente).

Cabeça de robalo é uma espécie de moqueca feita com carcaças de caranguejos recheadas com suas próprias carnes catadas. É um processo artesanal de pegar o caranguejo, catar sua carne, rechear as cabeças e depois cozê-las em alguidar de barro com azeite de dendê, leite de coco e temperos verdes, bem ao estilo das moquecas baianas (foto 43). Quem quiser se aventurar a fazer sua própria cabeça de robalo poderá aproveitar os ensinamentos de Paloma Amado (1994), no livro *A comida baiana de Jorge Amado*, sobre como catar caranguejo, guaiamum, siri e aratu.

Sem querer entrar no mérito do julgamento qualitativo, é preciso considerar que a cabeça de robalo tem sofrido modificações. Se há vinte anos era apresentada como descrito anteriormente e constituía uma refeição, nos dias de hoje virou petisco, tira-gosto. É servida individualmente ou em dupla, acompanhada de pirão, em tigelas de louça, não mais em alguidar de barro.

Também é preciso registrar que está sumindo dos cardápios dos restaurantes locais. Poucos são os que servem a iguaria. É preciso garimpar para achar a preciosidade. Às vezes, consta do cardápio, mas não está disponível. É possível encontrar em poucos restaurantes, como o Cantinho da Zezé, no bonito centro histórico da cidade, ou na Cabana do Rubens, na orla.

Apesar da tipicidade única da cabeça de robalo, grande parte dos empresários da área gastronômica de lá não dá o devido valor ao prato, caminhando em rumo contrário à tendência mundial de valorização dos produtos e produções locais. Os cardápios estão cada vez mais cheios de estrogonofes, parmegianas e molhos madeira. Nada contra, mas é necessário preservar os diferenciais da gastronomia local. A culinária nativa é rica em pescados, e o prato emblemático, exclusivo, que tem a cara de Canavieiras é a cabeça de robalo. Merecia ser reconhecido como patrimônio cultural imaterial da região. A aluna do curso de Bacharelado em Gastronomia da UFBA Ana Carvalho Ribeiro Ferraz, curiosa com esse prato típico da região, realizou pesquisa em 2014 para o componente curricular Gastronomia Baiana tentando mostrar a produção do prato e desvendar a origem do nome.

Sobre a produção, ela chegou à conclusão de que se trata de atividade artesanal, feita basicamente por senhoras que trabalham em suas próprias residências fornecendo as cabeças recheadas para restaurantes da localidade e também para atender a encomendas de moradores e até mesmo de pessoas que não moram mais lá, mas querem matar a saudade de comer "cabeça de robalo".

Sobre o nome do prato, infelizmente a pesquisa não conseguiu revelar uma explicação plausível. A pesquisadora bem que tentou, pelas diversas entrevistas – principalmente com as mulheres que fazem as cabeças de robalo e moradores mais idosos –, saber a razão do nome. Entretanto, não houve consenso; cada um contava uma história, ou simplesmente assumiam não saber o porquê da denominação.

Nos restaurantes, a desinformação ou a falta de explicação sobre o nome é intrigante. Muitos donos ou garçons simplesmente afirmam não saber o motivo dele, muito menos quando apareceu. Alguns se arriscam, mas com histórias difusas e confusas. O que se tem em comum é que foram as marisqueiras que batizaram o prato, e alguns contam que seria uma analogia à cabeça do peixe robalo, que não tem muita carne e, portanto, tem espaço para rechear. É difícil de entender e também de explicar.

Para não ficarmos totalmente sem uma explicação, passo a relatar uma versão que considero, se não a mais justificável, pelo menos a mais agradável para a denominação desse inigualável e exclusivo prato típico de Canavieiras.

Reza uma das lendas que os moradores não tinham a cabeça do peixe robalo – pescado de muita fartura na região – como uma alimentação nobre; era considerada desprezível e de pouca importância. Entretanto, as cabeças dos caranguejos recheadas eram de difícil produção e muito apreciadas. Desta forma, quando faziam a moqueca com as carcaças recheadas e alguém perguntava o que era, diziam que era moqueca de cabeça de robalo, para que a pessoa intrusa não tivesse interesse em comer. Essa brincadeira foi se repetindo até que, enfim, o prato mais emblemático da boa e velha Canes passou a ser chamado de cabeça de robalo. Ainda é possível experimentar essa maravilha, mas não se sabe até quando. Corram enquanto ainda tem!

Cabeça de robalo tradicional

1 kg de catado de caranguejo
12 cabeças limpas de caranguejo
12 peitos de caranguejo
Sal
4 tomates
4 cebolas
Coentro e cebolinha
Azeite de oliva
400 ml de azeite de dendê
200 ml de leite de coco

Temperar o catado do caranguejo a gosto e refogar. Encher as cabeças dos caranguejos com o catado e fechar com o peito do caranguejo. Reservar. Cortar os temperos em cubos pequenos; refogar em uma panela. Acrescentar as cabeças dos caranguejos recheadas, o azeite de dendê e o leite de coco. Deixar ferver por alguns minutos e servir. É importante não deixar a temperatura do fogo muito alta, pois as cabeças dos caranguejos podem acabar quebrando.

LAMBRETA COM MOLHO LAMBÃO

Quem não conhece a Bahia, especialmente a região do Recôncavo Baiano, dificilmente vai entender de primeira o que significa lambreta com molho lambão. Vamos por partes.

Primeiro, lambreta (*Lucina pectinata*) é um molusco bivalve que habita áreas lodosas de mangue e é muito encontrado na Baía de Todos os Santos. Tem parentes importantes mundo afora, como a amêijoa, muito utilizada na culinária portuguesa.

Já o molho lambão é quase onipresente na mesa praiana da Bahia. Trata-se de um molho de pimenta fresco, feito diariamente ou na hora de servir um prato, principalmente de pescado. Sua principal característica é a apresentação em grande quantidade, pois, por não ser muito picante, é para o comensal usar, abusar e se lambuzar – talvez daí o seu nome.

Feitas as apresentações, é preciso destacar quanto essa dupla representa o comer despretensioso e debochado dos botecos soteropolitanos e de arredores. É um tira-gosto clássico das mesas alegres e ruidosas dos fins de tarde à beira-mar, ou em qualquer lugar. Não há em outras paragens esse casamento alimentar. Quem quiser desfrutar o prazer de comer uma lambreta temperada com um molho lambão terá de ir para Salvador e adjacências.

E não vai ser fácil decidir qual o melhor local para comer. Será preciso fazer um esforço para visitar alguns lugares já tradicionais e também descobrir outros anônimos de boa qualidade. Há várias formas de cozinhar utilizando as lambretas, assim como também há várias formas de preparar o molho lambão.

As lambretas podem ser cozidas com muito caldo e temperos, ou de modo mais simples, com pouco líquido e temperos moderados (foto 44). Há os que sofisticam, colocando vinho branco e até mostarda, dando um toque europeu ao petisco baiano. Tradicionalmente, são servidas acompanhadas de um copo com o caldo do cozimento – delicioso, principalmente se for adicionado o molho lambão ao caldo (foto 45).

E aí vem o molho lambão. Parceiros inseparáveis como Dom Quixote e Sancho Pança. Também haverá de escolher onde se faz o melhor molho lambão. Não há uma receita definida, imutável. O seu fazer é livre. Basicamente um molho lambão tem cebola, tomate, pimentão, coentro e/ou salsa, "azeite doce" (como muitos chamam o azeite de oliva) e pimenta fresca "machucada" na hora (foto 46). A mais usual é a pimenta-de-cheiro, pois pimentas mais ardidas podem deixar o molho muito forte para quem deseja se lambuzar. O fundamental é que seja fresco, recém-feito. Aí está um critério indiscutível da qualidade.

Também é tradição fazer lambreta em casa. Muitos reclamam da areia que os moluscos guardam dentro das suas conchas, pois são apanhados no seu hábitat e trazem consigo as impurezas que só serão liberadas quando se abrirem no calor do cozimento. Para reduzir essa inconveniência, basta lavar as conchas e depois colocá-las mergulhadas em água com sal por pelo menos duas horas, preferencialmente em ambiente escuro. Dessa forma, o molusco vai relaxar as conchas e deixar sair na água as impurezas que estavam dentro. Depois disso é só colocar as lambretas para cozinhar no tempero que você elegeu como melhor. Ah, é bom lembrar que o tempo de cozimento deve ser curto, apenas o bastante para que as conchas se abram, pois, se passar muito, o molusco ficará com consistência de borracha. Também não é recomendável a compra de lambretas muito grandes, pelo mesmo motivo relacionado à consistência. É muito interessante ver as receitas autorais e as observações que constam do já citado livro de Paloma Amado.

A seguir, as minhas versões.

Lambreta

2 dúzias de lambreta
½ maço de coentro picado
2 tomates maduros picados
15 mℓ de suco de limão
2 dentes de alho picados
3 cebolas picadas em cubos pequenos
½ maço de cebolinha picada
40 mℓ de azeite de oliva
100 mℓ de água
Sal

Lavar as lambretas e deixar de molho em água e sal por duas horas. Colocar as lambretas e os demais ingredientes numa panela de fundo largo e cozinhar até as conchas se abrirem.

Molho lambão

2 pimentas-de-cheiro
5 g de sal
50 g de tomate verde picado em cubos pequenos
20 mℓ de suco de limão
15 mℓ de vinagre
50 g de cebola picada em cubos pequenos
15 g de coentro picado
15 g de cebolinha picada
50 mℓ de azeite de oliva
50 mℓ de água gelada

Amassar as pimentas com o sal. Juntar os demais ingredientes.

MOQUEQUINHA DO CONDE

Na Bahia, quando se fala de moqueca, logo vem à mente o famoso prato da culinária afro-baiana feito no alguidar de barro, chegando à mesa fervente, aromatizando todo o ambiente, em que se destacam os usos do azeite de dendê e – hoje em dia – do leite de coco. As moquecas mais clássicas geralmente são feitas com peixes, moluscos e/ou crustáceos. Sendo as de camarão as mais solicitadas pelos turistas. Para a população local, ela pode ainda variar, com ovos, carnes e vísceras bovinas diversas, além de incursões mais recentes, como a jaca e outras versões vegetarianas.

Entretanto, existe uma outra imagem de moqueca muito menos conhecida. São as moquecas de folhas, encontradas em várias cidades do interior da Bahia, notadamente no entorno do Recôncavo Baiano e no litoral norte. São peixes e crustáceos temperados, envoltos em folha de bananeira e moqueados lentamente, resultando em uma comida seca e de sabor bastante pronunciado, principalmente pelo uso da pimenta-malagueta.

Neste caso, a influência mais marcante não é afro, mas indígena. A técnica de embrulhar alimentos para posterior cocção era muito utilizada pelas diversas nações indígenas brasileiras. A forma de cocção tradicional indígena era o moquém, ou seja, a colocação dos alimentos, embrulhados ou não em folhas, sobre treliças distantes do fogo, sofrendo a ação demorada do calor e da fumaça. Era meio de cozimento e também de conservação das caças e pescas ameríndias.

Daí o nome moqueca, de "moquém". Criou-se até o verbo "moquear", para se referir ao ato de processar alimentos em moquém. Segundo Francisco Nilton de Castro (2002, p. 105), na obra *Comida se tempera com cultura* (já fora de catálogo), a palavra moqueca "deriva de *mu'keka*, em quimbundo (língua dos bantos de Angola), e se altera para *poqueca*, quando faz referência à moqueca dos índios amazônicos, que na realidade é o moqueado". Referenda essas informações o antropólogo Raul Lody, em seu livro *Bahia bem temperada: cultura gastronômica e receitas tradicionais* (2013).

Pois bem, se as moquecas de folha podem ser encontradas em várias cidades baianas, destaco entre tantas produções possíveis as moquequinhas do município de Conde, na Costa dos Coqueiros da Bahia. Na praia de Sítio do Conde, que fica a menos de 10 quilômetros da sede do município, é comum ver o comércio das moquequinhas produzidas na região.

As moquequinhas normalmente são feitas de modo artesanal por mulheres, que concentram a produção nas vésperas de finais de semanas e feriados, para atender aos turistas que procuram o lazer nas paradisíacas praias. A venda é realizada pelas próprias mulheres e/ou por seus filhos, que saem por ruas, praias, bares e restaurantes do balneário oferecendo as diversas opções de embrulhos de folha de bananeira moqueados. Também podem ser adquiridas em pontos fixos, como na feira.

É uma característica marcante, não só do Sítio do Conde mas de quase toda a extensão do litoral norte da Bahia, até a divisa com Sergipe, no famoso povoado de Mangue Seco. As águas mornas das praias e a vida sem pressa desses lugares combinam com o degustar vagaroso das condimentadas moquequinhas acompanhadas de "roskas" (caipirinha de vodca) de frutas da estação, cerveja gelada ou uma doce e fresca água de coco. Portanto, para ter esse prazer é só escolher alguma das encantadoras praias do litoral norte-baiano e unir o agradável ao agradável.

PEIXE "TICADO" DA BARRA

No encontro dos rios Grande e São Francisco ergueu-se, no século XVII, um povoado que deu origem à atual cidade de Barra. Estrategicamente localizada às margens do "rio da integração nacional", Barra viveu seu momento áureo no século XX, quando o transporte fluvial era de extrema importância para a ligação entre Minas Gerais, Goiás, Piauí, Pernambuco, Alagoas e Bahia. Foi, naquela época, importante entreposto comercial, sendo rota frequente do famoso vapor Saldanha Marinho.

Os rios que se encontram e correm juntos num demorado processo para misturar as águas claras do rio Grande com as escuras do São Francisco influenciaram sobremaneira os hábitos alimentares da localidade. Os peixes, obviamente, estão presentes no cardápio dos cidadãos barrenses. Peixes de couro ou de escama; achatados ou largos; de diversos tamanhos e sabores e texturas diferenciados, que são levados à mesa ensopados, assados ou fritos.

Das técnicas de preparo dos peixes utilizadas, chama atenção o "ticado", método específico para peixes que têm muita espinha, como traíra, corvina, dourado e matrinxã. Trata-se de cortar as laterais dos peixes em fatias transversais bem finas (cerca de 3 mm), reduzindo consideravelmente o tamanho das espinhas e fazendo com que elas fiquem próprias para a ingestão, sem perigos ou desconforto. Essa técnica também pode ser encontrada em outras cidades e outros estados, notadamente os amazônicos.

O Mercado Municipal de Barra impressiona pela quantidade de peixes oferecidos diariamente e, em especial, nas feiras aos sábados. Os peixeiros oferecem os pescados já devidamente "ticados" ou o fazem diante do freguês, com habilidade e uma precisão quase cirúrgica entre um corte e outro. Um *show* à parte. Usualmente, os peixes "ticados" são preparados fritos ou assados inteiros (recheados ou não) e harmonizam maravilhosamente com uma cachacinha da região e/ou uma cerveja gelada. Ficam mais interessantes ainda se forem degustados em uma mesa na calçada, entre os prédios históricos, e se for época de São João então...

Filha de Barra, a gastrônoma e professora do curso de Bacharelado em Gastronomia da UFBA Euzélia Souza Lima ensina que outra função do "ticado" também é facilitar a entrada do tempero na carne do peixe.

Matrinxã recheado ao forno

1 matrinxã (de 2 kg) inteiro, limpo e "ticado"
4 cebolas médias
3 dentes de alho
15 mℓ de suco de limão
30 mℓ de cachaça
2 raminhos de coentro
100 mℓ de azeite de oliva extravirgem
1 tomate
1 colher (café) de pimenta-do-reino
Sal
100 g de manteiga
400 g de farinha de mandioca

Bater no liquidificador uma cebola, o alho, o suco de limão, a cachaça, o coentro, o azeite de oliva, o tomate, a pimenta-do-reino e o sal. Esfregar bem essa mistura por dentro e por fora do peixe. Colocar as outras três cebolas dentro da barriga do peixe. Dispor o peixe com a barriga para baixo sobre uma assadeira. Assar em forno médio por cerca de 30 minutos. Retirar o peixe da assadeira, colocar numa travessa e reservar aquecido. Derreter a manteiga na assadeira, liberando as incrustações do assado. Juntar a farinha de mandioca, mexendo bem para fazer uma farofa. Distribuir a farofa em volta do peixe e servir.

MIRAGUAIA

Bacalhau baiano. É assim que muitos se referem à miraguaia salgada e seca utilizada na culinária regional. Popularmente, também é chamada de miragaia. Não é um peixe exclusivo do litoral da Bahia; está presente desde o Amapá até o Rio Grande do Sul, entretanto tem forte tradição na culinária do Recôncavo Baiano, principalmente na forma de moqueca, embora seja também muito apreciado como ensopado com legumes.

A influência portuguesa do consumo do bacalhau foi muito marcante na formação da alimentação baiana. O bacalhau já teve momentos em que era considerado comida da população menos favorecida; depois, passou a fazer parte das mesas abastadas. Assim também aconteceu com a miraguaia salgada. Já foi popular e agora – com preços proibitivos – está restrita a eventos e datas festivas, como a Semana Santa. Ou, então, a restaurantes tradicionais que ainda estabelecem um dia de destaque para esse pescado.

Apesar de muitos chamarem a miraguaia salgada de "bacalhau de água doce", na verdade o *Pogonias cromis* – nome científico – é peixe escamoso de mar. Ele vive em estuários de rios, próximos a costões, rochas e canais, onde a água fica misturada. É um peixe que prefere águas quentes, portanto costuma migrar para o Nordeste brasileiro nas estações mais frias das regiões Sul e Sudeste. É de grande porte, podendo pesar mais de 100 quilos.

Paulo Roberto Braz da Cunha, ou simplesmente Paulinho Pescador, considera a miraguaia o "bacalhau brasileiro nobre", pelo sabor e pela textura do peixe. De peixe ele conhece. Potiguar radicado em Arraial d'Ajuda, distrito de Porto Seguro, foi pescador profissional por dez anos, conhecendo toda a costa capixaba e sul-baiana, até trocar o anzol pela gastronomia, abrindo o restaurante Paulinho Pescador. Isso foi em 1983, com sua esposa, Yonala, e lá trabalham diariamente, no mesmo endereço desde então, no centro do Arraial.

Paulinho ensina duas formas de produzir o "bacalhau" da miraguaia. A primeira serve mais para comércio em grande escala. Nessa forma, é preciso retirar as vísceras e abrir o peixe pelo ventre, da cabeça ao rabo, fazendo uma espécie de manta; depois, fazer lanhos (cortes) na carne e espalhar sal: cerca de 700 gramas para cada 20 quilos de peixe. Deixar secar ao sol por dois ou três dias e, então, enrolar em fardos de 1 arroba (15 quilos).

A segunda maneira de salgar o peixe é a que Paulinho Pescador chama de "sofisticada". Neste caso, o peixe é escamado, aberto pelas costas (dorso), retirando-se a espinha central e as vísceras, assim como a cabeça e a parte final do rabo. Esse processo permite uma manta limpa, sem espinhos – só a carne e a pele. Depois é só salgar e deixar curtir por um dia. Nessa forma "sofisticada" a vida útil é mais curta, portanto deve ser utilizado logo.

Há ainda, segundo Paulinho, a possibilidade de utilizar a miraguaia fresca, apesar de não ser o mais comum na Bahia. Com sua vasta experiência de doze anos com a pesca profissional e mais de trinta anos como *restaurateur*, ele oferece uma receita exclusiva que mescla técnicas e ingredientes internacionais e regionais.

Miraguaia do "pescador do arraial"

250 g de filé de miraguaia fresca
Sal
15 mℓ de azeite de oliva extravirgem
30 mℓ de vinho branco seco
1 colher (sobremesa) de gengibre ralado
15 mℓ de molho de soja
1 colher (chá) de pimenta-do-reino branca
50 g de mandioquinha
50 g de maxixe
½ maço de cebolinha

Temperar a miraguaia com todos os ingredientes, exceto a mandioquinha, o maxixe e a cebolinha. Deixar marinar por 10 minutos. Abrir uma folha de papel-alumínio de cerca de 50 cm. Cobrir o centro do papel-alumínio com bastante cebolinha cortada. Colocar o peixe sobre a camada de cebolinha e regar com a marinada. Espalhar sobre o peixe rodelas finas intercaladas de maxixe e mandioquinha. Fechar o papel-alumínio como se fosse um pacote, sem deixar vãos. Assar em forno preaquecido por 25 minutos. Colocar o embrulho sobre um prato, levar à mesa e abrir na frente do convidado, deixando exalar os aromas.

Voltando à miraguaia na forma de "bacalhau", a característica principal da carne é sua cor um pouco escura, que fica mais pronunciada após a salga e a cura, quando adquire um odor intenso. A preparação exige o mesmo cuidado das carnes salgadas, ou seja, a colocação de molho em água, com trocas regulares, para a retirada do sal e reidratação.

A cidade Santo Antônio de Jesus, distante 200 quilômetros de Salvador, é um importante entreposto comercial da região. Na feira livre – muito espaçosa e que comercializa diversos produtos –, surpreende o espaço destinado aos peixes salgados. São várias bancas que expõem desde pequenos peixes secos e salgados até mantas e fardos de pirarucus, bacalhaus de vários tipos e, obviamente, a miraguaia. Não há registro – até o momento

— da razão dessa forte ligação da população de SAJ (assim chamada pelos próprios moradores) com os pescados secos e salgados. É um tema muito interessante a ser aprofundado pelos estudiosos da gastronomia.

Por seu sabor forte e marcante, é comum fazer moqueca ou ensopado de miraguaia com legumes e, muito usual, com banana-da-terra. No caso da moqueca, as cozinheiras e os cozinheiros mais tradicionais ensinam que é recomendado parcimônia no uso do azeite de dendê. Há ainda divergências sobre o uso ou não do leite de coco. Nesse caso, particularmente, defendo o estilo das moquecas do tempo de Manuel Querino: sem leite de coco.

Moqueca de miraguaia com banana-da-terra

800 g de miraguaia salgada
60 ml de azeite de oliva
100 ml de azeite de dendê
100 g de cebola picada
1 pimenta-de-cheiro sem semente picada
250 g de tomate maduro picado
2 bananas-da-terra semimaduras, lavadas
Sal
50 g de tomate cortado em rodelas finas
50 g de pimentão cortado em anéis
50 g de cebola cortada em anéis
⅓ maço de coentro picado

Dessalgar a miraguaia, deixando-a de molho em água por 24 horas. Nesse período, trocar a água de três a quatro vezes, mantendo o peixe sob refrigeração. Aquecer o alguidar de barro e colocar o azeite de oliva e metade do azeite de dendê. Refogar a cebola picada e a pimenta. Acrescentar os tomates picados e a miraguaia em pedaços regulares. Cortar as bananas em pedaços de 3 cm, com casca, e juntar à moqueca. Tampar e deixar cozinhar por cerca de 15 minutos. Retirar as bananas, descascá-las e colocá-las de volta no alguidar. Acertar o sal e cobrir com as rodelas de tomate, pimentão e cebola. Regar com o restante do dendê, tampar e cozinhar por mais 10 minutos. Salpicar com o coentro e servir.

CAMARÃO TENTAÇÃO

Quem circulou nos últimos cinco anos pelos bares de Salvador com certeza já viu em alguns cardápios a oferta de camarão tentação como tira-gosto. É mais uma das invenções da gastronomia soteropolitana, e ninguém sabe exatamente onde, como e quem começou. Trata-se de camarões envoltos em massa, empanados com tapioca e, depois, fritos em imersão em óleo quente.

Mas essa é uma tradução simplista de um produto que se apresenta com algumas diferenças a depender do local, embora com o mesmo nome. O que todas as produções têm em comum – além do óbvio camarão – é o fato de serem finalizadas com o empanamento na farinha de tapioca, o que confere às peças uma aparência peculiar, com pequenas bolinhas esbranquiçadas "pururucando" com uma textura extremamente crocante que contrasta magicamente com o recheio cremoso (foto 47).

A principal diferença entre as versões diz respeito à massa utilizada para cobrir o camarão. Na verdade, é utilizado camarão de tamanho médio, e ele fica maior com o uso de uma massa para cobri-lo antes de ser empanado na tapioca. Alguns usam massa feita de purê de aipim, que fica muito interessante e saborosa. Outros optam por alternativas mais neutras, como batata ou farinha de trigo. Mesmo usando a farinha de trigo, é possível conseguir um bom resultado quando se aproveitam cascas e cabeças do camarão para produzir um caldo e com ele fazer a massa.

Outro ponto de diferenciação das produções é com relação ao "recheio". Sim, alguns optam por colocar queijo entre o camarão e a massa. Normalmente utilizam queijos cremosos processados, o que, a depender da marca, pode melhorar ou comprometer o resultado final. Na versão da professora de gastronomia Andrea Sgrillo Pedreira Torres – que, além da docência, atua no ramo empresarial gastronômico –, a opção é por fazer uma massa de batata, farinha de trigo, um toque de queijo parmesão (do bom!) e um pouco do caldo (fundo) do camarão. Depois é só passar na tapioca

SABORES QUE VÊM DAS ÁGUAS DA BAHIA

e fritar. Obviamente ela tem molhinhos especiais, agridoces, picantes, se-mipicantes, etc. Mas vamos ficar no modelo "buteco", servido com molho lambão ou outro caseiro. Só não valem maionese, *ketchup* e mostarda. Isso fica para outros momentos.

Onde achar o camarão tentação? Por aí... do bairro da Ribeira, na Cidade Baixa, a Vilas do Atlântico, já no município de Lauro de Freitas. Particularmente, indico saborear o camarão tentação harmonizando com uma cerveja bem gelada e com a melhor vista da Baía de Todos os Santos. Essa magia é possível lá na região da Pedra Furada, no bairro de Mont Serrat, próximo à basílica de Nosso Senhor do Bonfim. Mas em toda a ex-tensão da região metropolitana de Salvador há a possibilidade de encontrar um barzinho que ofereça o tira-gosto – alguns, de elaboração própria, e outros, já adquiridos em produção congelada. Ainda assim, todos são uma verdadeira tentação!

Camarão tentação da professora Andrea

FUNDO DE CAMARÃO
1 cebola branca picada
1 cenoura pequena picada
4 dentes de alho
2 ramos de salsa
2 ramos de cebolinha
Casca de camarão
500 ml de água

MASSA
100 g de batata
35 g de manteiga sem sal
350 ml de leite integral
200 ml de fundo de camarão
250 g de farinha de trigo
20 g de queijo parmesão ralado
Sal
Óleo

RECHEIO
30 camarões tamanho 36/40 (aproximadamente 350 g)
Sal
Pimenta-do-reino
2 colheres (sopa) de azeite de oliva

EMPANAMENTO
Óleo
2 claras
200 g de farinha de rosca fina
200 g de farinha de tapioca grossa

Descascar os camarões, deixando a parte final do rabo. Fazer o fundo de camarão: cozinhar em fogo baixo todos os ingredientes por 30 minutos, coar e reservar o caldo. Fazer a massa: cozinhar a batata com a casca, descascar ainda quente, amassar com a manteiga; em uma panela grande e larga, colocar o leite, o fundo, a batata e misturar bem até dissolver; levar ao fogo até ferver; acrescentar aos poucos a farinha de trigo (peneirada) e o sal, misturando sem parar até formar uma massa lisa e homogênea. Quando começar a soltar da panela, fazer o teste da liga nas mãos. Retirar do fogo e despejar em uma superfície lisa e untada com um fio de óleo. Mesmo com a massa ainda quente, acrescentar o queijo e sová-la, para esfriar um pouco. Colocar em uma tigela e cobrir com filme plástico, para não ressecar. Enquanto a massa esfria, preparar o recheio: temperar o camarão com sal e pimenta-do-reino. Saltear os camarões no azeite. Empanar: untar um pouco as mãos com óleo, abrir um pouco da massa na mão, colocar um camarão e envolvê-lo com cuidado, para não deixar ar dentro da massa. Passar os camarões cobertos com a massa na clara de ovo e, em seguida, passar na farinha de rosca e, depois, na farinha de tapioca. Fritar em óleo quente e em abundância até ficarem dourados. (Se for congelar para fritar posteriormente, utilize um recipiente largo, para que os camarões não encostem uns nos outros. Retirar com antecedência antes de serem usados, para que fiquem em temperatura fria.)

POLVO VINAGRETE

É da cultura alimentar baiana, em particular a praiana, servir comidas à vinagrete, principalmente crustáceos e moluscos. Vale ressaltar que o entendimento popular de vinagrete diz respeito a uma salada de tomate, pimentão, cebola e temperos verdes. Cabe ainda afirmar que várias são as versões dos vinagretes baianos. Com ou sem coentro, salsa, cebolinha, azeite de oliva, suco de limão, cominho, pimenta-do-reino, sal e até o vinagre, que lhe empresta o nome. Cada um faz o seu vinagrete da forma que lhe agrada.

É interessante registrar que, nos conceitos técnicos da gastronomia, vinagrete nada mais é do que um molho líquido, classificado como básico frio, composto de vinagre, azeite de oliva ou outro óleo vegetal, sal e pimenta-do-reino. Todo e qualquer ingrediente acrescentado a ele resultará em um novo molho, agora considerado derivado e de possibilidades infinitas. Assim nos ensinam Wayne Gisslen, em *Culinária profissional* (2012), e o famoso dicionário internacional de gastronomia *Larousse Gastronomique* (1998). Desta forma, o que temos na Bahia são saladas "ao vinagrete" que inclusive servem de acompanhamento tanto para carnes quanto para pescados.

O polvo vinagrete é uma das possibilidades do uso da salada misturada a um fruto do mar. O molusco cefalópode é muito encontrado no extenso litoral baiano. Seu uso na alimentação é bastante diversificado, podendo ser apresentado com arroz, em moquecas, em ensopados, grelhado, como caldinho para acompanhar uma bebida e na versão vinagrete.

A salada de polvo vinagrete ou ao vinagrete é muito apreciada – apesar do seu preço alto –, combinando perfeitamente com o clima quente da costa baiana. O alto valor de venda está diretamente relacionado ao preço do custo do animal *in natura* e à redução de seu peso à metade depois do cozimento. Exemplificando: suponhamos que o preço do polvo seja 30 reais o quilo. Após a limpeza e o cozimento para a preparação da salada, só teremos meio quilo – ou seja, o preço final terá dobrado. Daí ser o polvo um dos produtos mais caros nos cardápios de bares e restaurantes da Bahia.

Mas vale a pena! Quem já teve a oportunidade de saborear um bom polvo vinagrete, acompanhado de molho lambão (ele de novo!) e fatias de pão, sabe do que estou falando. Se quiser fugir dos preços pouco convidativos dos bares e restaurantes, faça você mesmo. Não é complicado; apenas demanda um pouco de tempo para o cozimento do polvo, tempo este que você pode aproveitar para ir cortando os ingredientes que escolheu para compor o seu vinagrete. Fique à vontade!

Polvo vinagrete baiano

2 kg de polvo limpo
200 g de cebola cortada em pedaços grandes
10 g de gengibre picado
3 dentes de alho esmagados
2 ℓ de água
150 g de cebola em brunoise
150 g de tomate concassé
50 g de pimentão verde picado
50 g de pimentão vermelho picado
20 g de coentro fresco picado
20 g de salsa fresca picada
20 mℓ de suco de limão
50 mℓ de azeite de oliva extravirgem
Sal
Pimenta-do-reino

Cozinhar o polvo em caldo aromatizado com cebola, gengibre e alho até ficar macio (cerca de 40 minutos). Cortar o polvo cozido em pedaços regulares. Juntar a cebola em brunoise, o tomate, os pimentões, o coentro e a salsa. Regar com suco de limão e azeite. Misturar bem. Temperar com sal e pimenta-do-reino.

BOLINHO DE PEIXE DA PRAIA DO FORTE

A paradisíaca Praia do Forte, no litoral norte – Costa dos Coqueiros –, reúne o que há de melhor para um bom descanso da vida atribulada das cidades grandes. Pousadas charmosas, praias limpas e belas, passeios ecológicos, construções históricas, base do Projeto Tamar, bares e restaurantes que servem comidas de várias nacionalidades. A oferta é indescritível, mas existe uma comida que é nativa do povoado, faz parte da história e é imbatível: o bolinho de peixe (foto 48).

Quase todos os bares e restaurantes de lá servem o bolinho, entretanto é de conhecimento geral que o petisco nasceu no Bar do Souza, lá pelos idos de 1980, quando a Praia do Forte era pouco conhecida e o acesso não era tão fácil como atualmente. O Souza está lá até hoje, logo na entrada da rua principal. Claro que cresceu, modernizou-se, mas a receita do bolinho permanece. Merecia ser tombado como patrimônio imaterial da Praia do Forte, ou indicação de origem, como fazem outros países em defesa de seus produtos e produções.

A fama do bolinho é tamanha que não seria exagero dizer que ir à Praia do Forte e não o experimentar seria uma heresia, um desperdício de oportunidade, enfim, não esteve na Praia do Forte. Lamentavelmente, muitos dos bares e restaurantes estão optando por usar o produto já congelado. Até em Salvador é possível encontrar o bolinho industrializado para venda. Mas não se enganem, o resultado é diferente, muito diferente da versão feita no dia.

A descrição descomprometida do petisco seria assim: um bolinho ovalado de cerca de 4 cm de comprimento, crocante e escuro por fora e com uma massa macia e esverdeada por dentro. A cor esverdeada é um dos principais diferenciais do bolinho. A razão é o uso de coentro, salsa e pimentão na massa, que é processada em liquidificador. Outro detalhe é o leite de coco. Obviamente, fará diferença no produto final se for utilizado leite de coco industrializado no lugar do *in natura*, sendo este o mais indicado.

Enfim, é possível fazê-lo, pois não é de difícil produção, mas para conseguir um bom resultado é preciso ter cuidado com a escolha dos ingredientes, principalmente dos peixes – que não devem ser de carne fibrosa – e, como já dito, do leite de coco. Entretanto, em nome do bem viver, é muito mais recomendável ir até a Praia do Forte, aproveitar tudo o que aquele paraíso tem a oferecer, e sentar a uma mesa sob a sombra de uma árvore para, descompromissadamente, beber uma cerveja gelada saboreando um bolinho de peixe frito na hora.

Bolinho de peixe do Forte

500 mℓ de leite de coco (de preferência fresco)
1 cebola média picada
1 tomate picado
½ pimentão verde picado
¼ de maço de salsa picada
¼ de maço de coentro picado
1 ovo
500 g de peixe cozido e desfiado
Farinha de rosca
Sal
1 ℓ de óleo

Bater no liquidificador o leite de coco, a cebola, o tomate, o pimentão, a salsa, o coentro e o ovo. Acrescentar o peixe ao liquidificador e bater mais um pouco. Essa mistura tem de ficar com cor esverdeada. Caso não esteja, acrescentar mais salsa e coentro. Colocar a mistura num recipiente fundo e adicionar a farinha de rosca aos poucos, até a massa ficar com consistência suficiente para ser modelada. Untar as mãos com óleo e moldar os bolinhos em formato e tamanho parecidos com um ovo de galinha. Fritar os bolinhos em óleo bem quente, escorrer e servir.

CHUMBINHO

Sarnambi, papa-fumo, fuminho, berbigão, maçunim... Vários são os nomes que batizam o popular chumbinho no Recôncavo Baiano. São moluscos bivalves, de nome científico *Anomalocardia brasiliana*, família dos venerídeos, que vivem enterrados sob a areia das praias e lodaçais marinhos. Movimentam a economia popular no trabalho árduo das mulheres marisqueiras – ou mariscadeiras –, que passam o dia coletando os pequenos moluscos para a venda nas feiras. É o município de Salinas da Margarida o mais representativo desse comércio e do uso deles na culinária regional. Tanto é que, anualmente, no mês de novembro, promove o concorrido Festival do Marisco.

Infelizmente, nem tudo são flores. Atrás desse romântico cenário da coleta artesanal e do uso dos moluscos (chumbinho, lambreta, sururu, mapé, dentre outros) na gastronomia regional, está um quadro preocupante de contaminação, oriunda, principalmente, da indústria petrolífera que se instalou no Recôncavo a partir dos anos 1950. Essas contaminações, que vêm sendo detectadas por pesquisas científicas, apontam para riscos à saúde e ameaçam a atividade que gera sustento a muitas famílias da região.

Ainda resistindo e presente na alimentação da população local, o chumbinho é alijado dos *menus* de restaurantes e eventos sofisticados. Só ganha destaque quando mudam seu nome para *vongole*, em referência aos primos que habitam o mar Mediterrâneo e compõem famosos pratos na culinária internacional, como o reverenciado *spaghetti alle vongole*, da Itália. Realmente são parentes; diferem um pouco no tamanho, mas o sabor permite uma variada utilização, tanto nas receitas internacionais quanto nas regionais.

São várias as possibilidades do uso do chumbinho na culinária, todas muito apreciadas: moquecas, ensopados, frigideiras, pastéis e várias outras produções que partem da criatividade dos cozinheiros e das cozinheiras locais. Uma das maiores reclamações que servem para a restrição do seu uso é a quantidade de areia que o chumbinho catado traz consigo, em decorrência de seu hábitat. Mas isso não será problema se for utilizada a técnica apropriada para a retirada da areia. Muito simples: basta cobrir os chumbinhos com água potável e esperar que a areia repouse no fundo do recipiente. Depois da decantação é só apanhar os moluscos que ficaram acima da areia e fazer a sua receita.

Moqueca de chumbinho com ovo

60 mℓ de azeite de oliva
80 mℓ de azeite de dendê
100 g de cebola picada
1 pimenta-doce picada
250 g de tomate maduro picado
10 mℓ de suco de limão
30 g de camarão seco triturado
12 camarões secos inteiros sem casca
400 g de chumbinho catado (só a carne, sem a concha)
20 g de salsa e coentro picados
Sal
4 ovos

Aquecer o alguidar de barro e colocar o azeite de oliva e o de dendê. Refogar a cebola e a pimenta. Acrescentar o tomate, o limão e os camarões. Cozinhar até conseguir um refogado semilíquido. Juntar o chumbinho, o coentro, a salsa e acertar o sal. Cozinhar mais 5 minutos. Quebrar os ovos em separado, colocando-os um a um sobre o refogado, sem misturar. Abaixar o fogo e tampar o alguidar. Cozinhar até o ponto desejado dos ovos.

O BOM E VELHO CHICO

O "rio da integração nacional", que corta o Brasil por 2.700 quilômetros, é realmente um fenômeno de forte influência na formação da história e da cultura dos cinco estados banhados por ele. Assim é o São Francisco, presença marcante na vida das pessoas que com ele interagem. É tanto o responsável pela subsistência das populações ribeirinhas quanto sustentáculo de boa parte da economia e da geração de energia nacionais.

Na gastronomia, não poderia ser diferente. É óbvio que o Velho Chico também exerce forte influência nos hábitos alimentares de todas as localidades pelas quais passa. Suas transformações agem diretamente na formação das culturas alimentares a ele relacionadas. Historicamente temos acompanhado a degradação do rio, fato que também vem modificando os hábitos alimentares das populações.

É visível o declínio da oferta de pescados, tanto em número de espécies quanto em quantidade de produção. Também o assoreamento do leito do rio inviabilizou a navegabilidade e, por consequência, a interação comercial entre os pequenos produtores. Enfim, as possibilidades de alimentação foram e estão sendo reduzidas, empobrecendo o repertório das comidas advindas do São Francisco.

Entretanto, apesar de todos os maus-tratos, o bom e Velho Chico ainda oferta maravilhas para a culinária brasileira. Ainda é possível, por exemplo, apreciar um dos seus peixes mais representativos: o surubim (*Pseudoplatystoma corruscans*). Esse peixe de couro, outrora abundante naquelas águas e que chegava a medir até 1,5 metro e a pesar mais de 100 quilos, tem na consistência e no sabor da sua carne indiscutível qualidade que nos permite afirmar ser um dos peixes mais saborosos de nossas águas doces.

O surubim pode frequentar desde as mesas mais populares às mais sofisticadas. Um exemplo *gourmet* é o processo de defumação que agrega ao peixe sabores específicos e que permite seu uso variado. Pode enriquecer

SABORES QUE VÊM DAS ÁGUAS DA BAHIA

uma salada de folhas, ser oferecido como *carpaccio*, sanduíches especiais e canapés, contracenar com uma massa italiana ou um risoto ou até mesmo agregar novas opções aos *sushis* contemporâneos.

Na mesa tradicional, ele pode aparecer ensopado, frito, assado ou até mesmo como opção de churrasco, uma vez que a carne resistente permite colocar grandes nacos do peixe no espeto sem que despedace. Os acompanhamentos dos pratos com surubim podem ser diversos, mas, seguramente, harmoniza maravilhosamente com vegetais nativos ou aclimatados ao sertão baiano. Pode ser feijão-verde, andu, maxixe, abóbora, aipim, quiabo, batata-doce e jiló, entre outros. Ah, não esquecer a magia sensorial que pode acontecer quando se finaliza com uma boa manteiga de garrafa.

Em Juazeiro, na divisa com o estado de Pernambuco, cidade que fica ao pé da barragem de Sobradinho, o surubim ainda se faz presente no cenário alimentar da região. Já foi mais constante nos cardápios de bares e restaurantes, como o saudoso Vaporzinho – referência ao apelido do vapor Saldanha Marinho, a primeira embarcação a vapor a navegar pelo São Francisco, no século XIX, depois de ter singrado as águas do rio Mississippi, nos Estados Unidos. Depois de aposentada, a embarcação foi colocada na calçada da orla fluvial de Juazeiro e por muito tempo funcionou como restaurante.

Nesse cenário em que o rio São Francisco separa a baiana Juazeiro e a pernambucana Petrolina, o surubim já foi rei, mas continua mantendo sua majestade, mesmo tendo a produção declinado e os peixes não mais alcançarem grande porte. Para representar esse pescado símbolo do Velho Chico, sugiro uma receita que combina a "crocância" do empanamento feito com farinha de mandioca com a maciez do purê de abóbora. Os sabores também se complementam. Detalhe para o "torresmo" de sabor único que se apresenta no couro do peixe frito e para o leve adocicado da abóbora.

Surubim com purê de abóbora

1 kg de surubim em postas com a pele
1 colher (sopa) de alho em pasta
Sal
2 colheres (sopa) de suco de limão
1 colher (sobremesa) de cominho em pó
1 kg de abóbora vermelha bem madura
100 ml de manteiga de garrafa
500 ml de óleo de soja
250 g de farinha de mandioca fina

Temperar o surubim com o alho, o sal, o limão e o cominho. Reservar. Cozinhar a abóbora no vapor até amolecer. Amassar a abóbora e refogar na manteiga de garrafa. Colocar uma pitada de sal no purê para realçar o sabor. Se necessário, colocar uma pitada de açúcar caso a abóbora não esteja doce. Deixar o purê em consistência firme (creme grosso). Reservar. Passar a postas do surubim na farinha de mandioca. Aquecer o óleo a 170 °C. Fritar as postas e secar em papel absorvente. Servir o surubim acompanhado do purê.

REFERÊNCIAS

AMADO, P. J. *A comida baiana de Jorge Amado ou O livro de cozinha de Pedro Archanjo com as merendas de D. Flor.* São Paulo: Maltese, 1994.

CÂMARA CASCUDO, L. *História da alimentação no Brasil.* São Paulo: Global, 2004.

CASTRO, F. N. *Comida se tempera com cultura.* Rio de Janeiro: FN Castro, 2002.

COSTA, R. C. B. *Ouriço-do-mar na gastronomia baiana.* Trabalho apresentado para avaliação no componente curricular Gastronomia Baiana do curso de Bacharelado em Gastronomia da UFBA. Salvador: UFBA, 2013.

FERRAZ, A. C. R. *Resgate de produtos e produções gastronômicas da Bahia: cabeça de robalo.* Trabalho apresentado para avaliação no componente curricular Gastronomia Baiana do curso de Bacharelado em Gastronomia da UFBA. Salvador: UFBA, 2014.

FREIXAS, D. & CHAVES, G. *Gastronomia no Brasil e no mundo.* Rio de Janeiro: Editora Senac Nacional, 2009.

GISSLEN, W. *Culinária profissional.* 6ª ed. São Paulo: Manole, 2012.

INSTITUTO BRASILEIRO DE GEOGRAFIA E ESTATÍSTICA. *Área territorial brasileira.* Rio de Janeiro: IBGE, s/d. Disponível em http://www.ibge.gov.br/home/geociencias/areaterritorial/principal.shtm. Acesso em 15-4-2016.

LAROUSSE GASTRONOMIQUE: *The New American Edition of the World's Greatest Culinary Encyclopedia.* Nova York: Crown Publishing, 1998.

LODY, R. *Bahia bem temperada: cultura gastronômica e receitas tradicionais.* São Paulo: Editora Senac São Paulo, 2013.

QUERINO, M. *A arte culinária na Bahia.* Salvador: Theatro XVIII, 2006.

RADEL, G. *A cozinha africana da Bahia.* Salvador: Press Color, 2006.

FOTO 1. POSEIDON (SÉCULO V A.C).
PROPILEU – ACRÓPOLES.
ATENAS, GRÉCIA.
Foto: Jorge Sabino.

FOTO 2. HARPIA (SÉCULO III).
MOSAICO ROMANO. MUSEU NACIONAL
DO BARDO. TÚNIS, TUNÍSIA.
Foto: Jorge Sabino.

FOTO 3. NETUNO (SÉCULO III). MOSAICO ROMANO.
MUSEU NACIONAL DO BARDO. TÚNIS, TUNÍSIA.
Foto: Jorge Sabino.

FOTO 4. SEREIA (SÉCULO XIX). MOSAICO. PALÁCIO DE ESTÓI. ESTÓI, PORTUGAL.
Foto: Jorge Sabino.

FOTO 5. SEREIA (SÉCULO XIX). VITRAL. MUSEU DA MARINHA. LISBOA, PORTUGAL.
Foto: Jorge Sabino.

FOTO 6. IEMANJÁ (SÉCULO XX). MOLDAGEM, FIBRA DE VIDRO POLICROMADA. COLEÇÃO DO AUTOR. SALVADOR, BAHIA.
Foto: Jorge Sabino.

FOTO 7. ABEBÊ DE OXUM (SÉCULO XX). LATÃO RECORTADO. COLEÇÃO DO AUTOR. SALVADOR, BAHIA.
Foto: Jorge Sabino.

FOTO 8. MANGUEZAL DERRUBADO E MARGENS ERODIDAS PELAS ONDAS DO TRÁFEGO DE EMBARCAÇÕES TURÍSTICAS EM ALTA VELOCIDADE NO RIO DA GRACIOSA (TAPEROÁ). EXEMPLO DE QUE O MODELO TURÍSTICO PREDOMINANTE NÃO ENXERGA ADEQUADAMENTE OS ECOSSISTEMAS QUE SUSTENTAM OS PRINCIPAIS ATRATIVOS AOS VISITANTES.
Arquivo de Jussara Cristina Vasconcelos Rêgo.

FOTO 9. MOQUECA DE POLVO CAPTURADO NOS RECIFES DE BOIPEBA.
Arquivo de Jussara Cristina Vasconcelos Rêgo.

FOTO 10. SIRIS DE ILHA DE MARÉ. MESMO DEPOIS DE AFERVENTADOS, É POSSÍVEL PERCEBER AS DIFERENÇAS ENTRE AS ESPÉCIES BOIA, BIDU, VASA E CAXANGÁ (VISTOS DE CIMA PARA BAIXO).
Arquivo de Jussara Cristina Vasconcelos Rêgo.

FOTO 11. TAPUS RECÉM-
-PESCADOS EM ILHA DE MARÉ.
Arquivo de Jussara Cristina Vasconcelos Rêgo.

FOTO 12. TAPU CAVALO (À ESQUERDA) E
SALPIRO (À DIREITA) EM ILHA DE MARÉ.
Arquivo de Jussara Cristina Vasconcelos Rêgo.

FOTO 13. TAPUS, SAMBÁS E
PEGUARIS AINDA NO BALDE DA
MARISQUEIRA EM ILHA DE MARÉ.
Arquivo de Jussara Cristina Vasconcelos Rêgo.

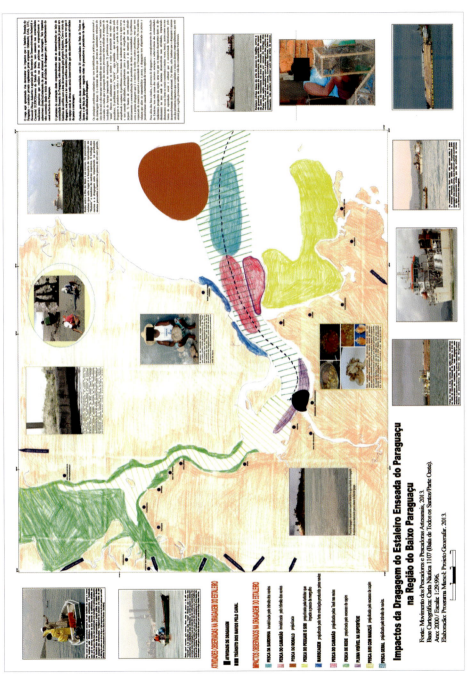

FOTO 14. MAPA ELABORADO COM A PARTICIPAÇÃO DAS COMUNIDADES PESQUEIRAS PARA AVALIAR OS IMPACTOS OBSERVADOS DURANTE A DRAGAGEM DA REGIÃO DA FOZ DO RIO PARAGUAÇU. O MAPA INDICA AS COMUNIDADES E AS ATIVIDADES AFETADAS.

Arquivo de Jussara Cristina Vasconcelos Rêgo.

FOTO 15. MOQUECA DE CAMARÃO TANHA COM BANANA, ACOMPANHADA DE MOLHO DE PIMENTA ARRIBA-SAIA, PIRÃO DE CAMARÃO SECO E FAROFA DE DENDÊ EM BOIPEBA.
Arquivo de Jussara Cristina Vasconcelos Rêgo.

FOTO 16. MOQUECA DE CAMARÃO CANAL COM BIRI-BIRI EM ITABEROÊ.
Arquivo de Jussara Cristina Vasconcelos Rêgo.

FOTO 17. INGREDIENTES DA MOQUECA DE OSTRA CULTIVADA NAS COMUNIDADES QUILOMBOLAS DO NORTE DO IGUAPE (CACHOEIRA). A MAIORIA DESSES INGREDIENTES É PLANTADA E PRODUZIDA PELAS COMUNIDADES.
Arquivo do Ponto de Cultura Expressão de Cidadania Quilombola (CECVI).

FOTO 18. PREPARAÇÃO DO AZEITE DE DENDÊ, PRINCIPAL INGREDIENTE NO PREPARO DE MUITOS PRATOS DA CULINÁRIA TRADICIONAL MARINHA NA BAHIA, CULTIVADO E PRODUZIDO POR COMUNIDADES QUILOMBOLAS NO NORTE DO IGUAPE.
Arquivo do Ponto de Cultura Expressão de Cidadania Quilombola (CECVI).

FOTO 19. PAISAGEM QUE RETRATA O COTIDIANO EM VELHA BOIPEBA: REDES DE PESCA ESTENDIDAS, COMO À ESPERA DA HORA DO TRABALHO. FOTO DE 1993.
Arquivo de Jussara Cristina Vasconcelos Rêgo.

FOTO 20. CALÕES ESTENDIDOS APÓS PESCARIA EM VELHA BOIPEBA. FOTO DE 1993.
Arquivo de Jussara Cristina Vasconcelos Rêgo.

FOTO 21. PESCADOR LANÇA A TARRAFA AO MAR DE VELHA BOIPEBA. FOTO DE 1993.
Arquivo de Jussara Cristina Vasconcelos Rêgo.

FOTO 22. ARTESÃO DE VELHA BOIPEBA EXIBE O JIQUI CONFECCIONADO POR ELE. FOTO DE 1993.
Arquivo de Jussara Cristina Vasconcelos Rêgo.

FOTO 23. SAMBURÁS EM CONFECÇÃO EM VELHA BOIPEBA. FOTO DE 1993.
Arquivo de Jussara Cristina Vasconcelos Rêgo.

FOTO 24. CINCO VEZES CAMPEÃ BRASILEIRA DE STAND-UP PADDLE (SUP), BABI BRAZIL TAMBÉM SE DEDICA À PESCA ESPORTIVA (SUP FISHING). QUANDO O MAR ESTÁ PARA PEIXE É CERTO QUE ELA VAI DA PRAIA DIRETO PARA A COZINHA.
Arquivo de Bárbara Brazil Nunes.

FOTO 25. ALEXANDRA AMORIM APRENDEU A PESCAR COM O PAI, AINDA MENINA. AO OCUPAR O TRONO DE DEUSA DO ÉBANO DO BLOCO ILÊ AIYÊ, EM 2015, DEIXOU CLARA A INFLUÊNCIA DOS MOVIMENTOS DO REMO E DA PUXADA DE REDE EM SUA DANÇA.
Arquivo de André Frutuôso.

FOTO 26. TUTUCA, MORADORA DA BAIXINHA (TAPEROÁ), MESTRA NO SABER TRADICIONAL DE TRATAR O BAIACU E NO PREPARO DA MOQUECA.
FOTO 27. BAIACU FRESCO E NÃO TRATADO (AINDA COM AS VÍSCERAS E O "UMBIGO", QUE CONTÊM A TETRODOTOXINA).
FOTO 28. LIMPEZA DO BAIACU: PARA TRATAR DE ACORDO COM O SABER TRADICIONAL, CORTA-SE A PELE DA BARRIGA, SEPARANDO-A ATÉ A CAUDA. ENTÃO, COM A FACA ABAIXO DA CABEÇA, ABRE-SE A BARRIGA DO PEIXE, PARA EXPOR AS VÍSCERAS E RETIRÁ-LAS.
FOTO 29. LOCALIZAÇÃO DO "UMBIGO" DO BAIACU. O SABER TRADICIONAL PRECONIZA QUE ESSA PARTE DAS VÍSCERAS DO PEIXE PRECISA SER RETIRADA PARA AFASTAR O RISCO DE ENVENENAMENTO PELA TETRODOTOXINA.
FOTO 30. INGREDIENTES DA MOQUECA DE BAIACU PREPARADA POR TUTUCA, DA BAIXINHA (TAPEROÁ): DA ESQUERDA PARA A DIREITA E DE CIMA PARA BAIXO, AZEITE DE DENDÊ, LEITE DE COCO FRESCO, COENTRO, PIMENTA-DE-CHEIRO, COENTRO LARGO, O PEIXE TRATADO, TOMATE MADURO, CEBOLA, PIMENTÃO, BIRI-BIRI E LIMÃO.
FOTO 31. PREPARO DA MOQUECA DE BAIACU: APÓS A MONTAGEM CAMADA POR CAMADA DO PEIXE E DOS TEMPEROS, LEITE DE COCO FRESCO E AZEITE DE DENDÊ FINALIZAM O PRATO MÍTICO.

Arquivo de Paulo Henrique Carvalho e Silva.

FOTO 32. ALMOÇO DIVERSIFICADO NA CASA DE TUTUCA, NA BAIXINHA (TAPEROÁ): DA ESQUERDA PARA A DIREITA E DE CIMA PARA BAIXO, GALINHA AO MOLHO PARDO, FARINHA DE MANDIOCA, PIRÃO DO COZIDO, MACARRÃO COM MOLHO DE TOMATE, COZIDO DE BOI, MOQUECA DE BAIACU, FEIJÃO COM CARNE, MOQUECA DE ZOIÚDO (OVO COZIDO) COM CHUCHU, ARROZ E SALADA DE ALFACE, TOMATE E PEPINO.
Arquivo de Paulo Henrique Carvalho e Silva.

FOTO 33. MARISQUEIRA DA COMUNIDADE QUILOMBOLA DE BANANEIRAS.
Arquivo de Mariel Cisneros López.

FOTO 34. SIRIS CAPTURADOS EM ILHA DE MARÉ, BANANEIRAS.
Arquivo de Mariel Cisneros López.

FOTO 35. COMIDA APIMENTADA ACOMPANHADA COM FARINHA DE MANDIOCA: O BÁSICO NA COMUNIDADE QUILOMBOLA DE BANANEIRAS.
Arquivo de Mariel Cisneros López.

FOTO 36. ALMOÇO NA CASA DE SEU DJALMA, EM BANANEIRAS.
Arquivo de Mariel Cisneros López.

FOTO 37. FAMÍLIA ENVOLVIDA NA MARISCAGEM, EM BANANEIRAS.
Arquivo de Mariel Cisneros López.

FOTO 38. SEU DJALMA E DONA VILMA, CASAL NASCIDO E CRIADO EM BANANEIRAS.
Arquivo de Mariel Cisneros López.

FOTO 39. PAI GUEGO NA FESTA PARA MARUJO, REALIZADA NO SEGUNDO DOMINGO DE MARÇO NO TERREIRO DE JOSÉ ANANIAS, TATA BARANGUANJE.
Arquivo de José Ananias Santiago Oliveira.

FOTO 40. FESTA PARA MARUJO: O TRAJE BRANCO OU AZUL FAZ PARTE DA CELEBRAÇÃO VOLTADA AOS DETENTORES DA SABEDORIA VINDA DAS ONDAS DO MAR.
Arquivo de José Ananias Santiago Oliveira.

FOTO 41. A MESA REPLETA DE IGUARIAS DA FESTA PARA MARUJO EXALTA A VIDA QUE VEM DO MAR.
Arquivo de José Ananias Santiago Oliveira.

FOTO 42. MARAFO (BEBIDAS DESTILADAS) E CERVEJA SÃO FARTAMENTE SERVIDOS AOS CONVIDADOS DA FESTA PARA MARUJO.
Arquivo de José Ananias Santiago Oliveira.

FOTO 43. CABEÇA DE ROBALO, PRATO TÍPICO DE CANAVIEIRAS: APESAR DO NOME, SÃO CARCAÇAS DE CARANGUEJOS RECHEADAS COM A PRÓPRIA CARNE CATADA, SERVIDAS COM PIRÃO.
Arquivo de Odilon Braga Castro.

FOTO 44. AS LAMBRETAS BEM TEMPERADAS FAZEM PARTE DO CENÁRIO GASTRONÔMICO SOTEROPOLITANO. DIFÍCIL É COMER SÓ UMA.
Arquivo de Odilon Braga Castro.

FOTO 45. O CALDO DO COZIMENTO DA LAMBRETA, DE SABOR INIGUALÁVEL, É UM ACOMPANHAMENTO QUASE OBRIGATÓRIO DO FAMOSO TIRA-GOSTO BAIANO.
Arquivo de Odilon Braga Castro.

FOTO 46. MOLHO LAMBÃO: REFRESCANTE, AROMÁTICO, SABOROSO. SEMPRE PRESENTE NAS MESAS BAIANAS.
Arquivo de Odilon Braga Castro.

FOTO 47. O EMPANAMENTO COM A TAPIOCA É UM DOS DIFERENCIAIS DO CAMARÃO TENTAÇÃO, IGUARIA DE DESTAQUE EM BARES DE SALVADOR.
Arquivo de Odilon Braga Castro.

FOTO 48. CROCANTE POR FORA E BEM MACIO POR DENTRO: É O BOLINHO DA PRAIA DO FORTE.
Arquivo de Odilon Braga Castro.

Sobre os autores

DANIELA CASTRO

Jornalista, mestre em Cultura e Sociedade e graduanda em Gastronomia pela Universidade Federal da Bahia (UFBA). Pesquisa as interseções entre comida e cultura. Autora do blogue Pimenta e Cominho.

ELMO ALVES SILVA

Bacharel e licenciado em História pela Universidade Católica do Salvador (UCSal). Especialista em Estudos Culturais, História e Linguagens pelo Centro Universitário Jorge Amado (Unijorge). Docente do Senac Bahia. Estudioso da gastronomia e da religiosidade baiana, é também sacerdote do culto afro.

ÍCARO RIBEIRO CAZUMBÁ DA SILVA

Doutorando em Alimentos, Nutrição e Saúde pela UFBA. Mestre em Ciência de Alimentos e graduado em Nutrição pela mesma instituição. Técnico em Agropecuária pela Escola Agrotécnica Federal Antônio José Teixeira. Membro dos Grupos de Pesquisa Segurança Alimentar e Comércio Informal de Alimentos (Sacia) e Alimentação e Nutrição, da UFBA.

ÁGUAS DE COMER: PEIXES, MARISCOS E CRUSTÁCEOS DA BAHIA

JUSSARA CRISTINA VASCONCELOS RÊGO

Doutoranda em Geografia, mestra em Geografia e graduada em Biologia pela UFBA. Trabalha com etnoecologia de comunidades tradicionais, especialmente pesqueiras e quilombolas, na perspectiva da defesa de direito ao território, desenvolvendo ações de mapeamento biorregional em atividades de pesquisa e extensão em projetos vinculados à UFBA.

LÍLIAN LESSA ANDRADE

Doutoranda em Difusão do Conhecimento, mestre em Alimentos, Nutrição e Saúde e graduada em Nutrição pela UFBA. Professora assistente do curso de Nutrição da mesma instituição. Especialista em Práticas Educacionais na Área de Saúde pela Fundação Bahiana para Desenvolvimento das Ciências e em Consciência e Educação pelo Instituto Superior de Educação Ocidemnte (Iseo). Pesquisadora na área da consciência alimentar.

LUCÉLIA AMORIM DA SILVA

Graduanda em Nutrição pela UFBA e técnica em Agropecuária pela Escola Agrotécnica Federal Antônio José Teixeira.

MARIEL CISNEROS LÓPEZ

Doutoranda em Difusão do Conhecimento pela UFBA e mestre em Educação Artística pelo Centro de Altos Estudos Universitários da Organização dos Estados Ibero-americanos (CAEU/OEI), na Espanha. Artista visual e antropóloga social pela Universidade da República, no Uruguai. Integra o Comitê Científico da revista *Iberoamérica Social*.

SOBRE OS AUTORES

MIGUEL DA COSTA ACCIOLY

Doutor em Ciências Biológicas (Botânica) pela Universidade de São Paulo (USP) e mestre em Botânica pela Universidade Federal Rural de Pernambuco (UFRPE). Biólogo. Professor da UFBA, com trabalhos de extensão e pesquisa sobre sustentabilidade e soberania das comunidades tradicionais pesqueiras e atuação em conselhos de gestão ambiental.

ODILON BRAGA CASTRO

Mestre em Alimentos, Nutrição e Saúde pela UFBA e especialista em Administração Hoteleira pela UFBA/Senac. Jornalista graduado pela Universidade Federal de Goiás (UFG). Cozinheiro profissional com especialização no The Culinary Institute of America (CIA), em Nova York. Representante da culinária baiana em eventos e conferências internacionais e professor de Gastronomia na UFBA.

PAULO HENRIQUE CARVALHO E SILVA

Mestrando em Antropologia pela UFBA, com licenciatura em Ciências Sociais na mesma instituição. Tem como área de interesse principal a antropologia política e da religião em comunidades tradicionais na região do Baixo Sul. Tem atuado como pesquisador e extensionista pelo Programa Mar & Cultura Familiar Solidária, da UFBA.

RAUL LODY

Antropólogo, escritor, pensador da comida e da alimentação; criador e curador do Museu da Gastronomia Baiana – Senac Bahia. Representante do Brasil na International Commission on the Anthropology Food (Icaf) entre 2003 e 2013. Autor de centenas de artigos e mais de 70 livros publicados sobre comida e cultura, patrimônios culturais de matriz africana e arte popular. Recebeu cinco premiações nacionais e duas premiações mundiais pelo Gourmand World Cookbook Awards. Coordenou o projeto de patrimonialização do Ofício da Baiana de Acarajé como Patrimônio Nacional (Iphan). Publicou e organizou diversos livros pela Editora Senac São Paulo, entre eles *Brasil bom de boca: temas de antropologia da alimentação; Coco: comida, cultura e patrimônio; Dendê: símbolo e sabor da Bahia; Vocabulário do açúcar: histórias, cultura e gastronomia da cana sacarina no Brasil;* e *A virtude da gula: pensando a cozinha brasileira.* Assina o blogue brasilbomdeboca.wordpress.com.

RICARDO PEREIRA ARAGÃO

Mestre em Ciências Sociais pela UFBA. Professor-formador da Plataforma Freire na Universidade do Estado da Bahia (Uneb), professor da Prefeitura Municipal de Salvador e professor titular da Faculdade Anísio Teixeira (FAT). Taata dya Nkisi Nazazí, sacerdote do Nzó Tumbalesi, filho de santo de Nengwa Xagui, raiz Tumba Junsara.

TEREZA CRISTINA BRAGA FERREIRA

Doutoranda em Difusão do Conhecimento e mestre em Alimentos, Nutrição e Saúde pela UFBA. Professora assistente do curso de Gastronomia da UFBA. Consultora e multiplicadora do Programa Senac de Segurança Alimentar (PSSA). Participante do Grupo de Pesquisa Segurança Alimentar e Comércio Informal de Alimentos (Sacia), da UFBA, com trabalhos publicados no tema.